まるっと中学校
知っておきたい 中学生活のヒント

監修
藤川大祐（千葉大学教育学部　学部長・教授）

目次

中学生になるみなさんへ …………………… 4
保護者の皆様へ …………………………… 6

プロローグ ………………………………… 8

第1章 中学校ってどんなところ？

みんなドキドキ！
　どんなことが心配？ ……………………… 12
中学校生活どんなことにおどろいた？ …… 14
小学校と中学校はどこがちがうの？ ……… 16
中学校の1日を見てみよう ………………… 18
中学1年生の行事を見てみよう …………… 20
中学生活で必要になってくるものは？ …… 22
中学校の校則ってどんなもの？ …………… 24

もっと知りたい
公立中学と私立中学 ……………………… 26

第2章 中学校の勉強はどんな感じなの？

ここがかわる！中学校の授業 …………… 28
授業についていくには、予習と復習が大事！
　………………………………………………… 30
小学校のテストとはぜんぜんちがう！
　定期テスト ………………………………… 32
定期テストに向けて計画を立てよう ……… 34
具体的にどんな勉強をするのか見てみよう
　………………………………………………… 36
授業についていけなくなったときは ……… 44
塾は利用したほうがいいの？ ……………… 46

先輩VOICE
もっと教えて 勉強のこと ………………… 48

もっと知りたい
中学生の進路と内申点 …………………… 50

第3章 部活動って何？

部活動って何？ …………………………… 52
どんな部活動があるの？ ………………… 54
部活動はいつ活動しているの？ ………… 56
部活動を選ぶときのポイントはこれ！ …… 58
習い事や趣味も楽しもう ………………… 62

先輩VOICE
もっと教えて 部活動のこと ……………… 64

もっと知りたい
あるかも？めずらしい部活動 …………… 66

第4章 中学生の人づきあい

- 人間関係のなやみがふえる？ ……… 68
- 先輩・後輩の関係ってきびしいの？ ……… 70
- 中学生になるといじめがふえるの？ ……… 72
- もしも自分がいじめられたら ……… 74
- いじめを止めたい！どうすればいい？ ……… 76
- スクールハラスメントから自分を守ろう！ ……… 78

もっと知りたい
学校に行かないという選択もある ……… 80

第5章 中学生は心も体も変化する

- 中学生は心も体も大きくかわる時期 ……… 82
- 親に毎日イライラ！反抗期のすごし方 ……… 84
- 体にはどんな変化があるの？ ……… 86
- 好きな人ができたらどうする？ ……… 90
- つきあうって何をするの？ ……… 92
- 好きな人とのふれあいってどうすればいいの？ ……… 94
- 恋愛のさまざまなトラブル ……… 98

もっと知りたい
いろいろな性の形 ……… 100

第6章 スマホと上手につきあおう

- 中学生のスマホ事情 ……… 102
- スマホの利用で起こるトラブル① SNSやメッセージアプリの利用 ……… 104
- スマホの利用で起こるトラブル② スマホ依存 ……… 106
- アプリでのコミュニケーションのルールとマナー ……… 108
- SNSに投稿するときのルールとマナー ……… 110
- スマホを使うときのルールをつくろう ……… 112

もっと知りたい
ネットの情報には注意が必要 ……… 114

第7章 よりよい中学生生活を送るために

- 生活習慣を見直そう ……… 116
- お金とのつきあい方 ……… 118
- もしも、学校がつらくなったら ……… 120
- 中学校以外にも学べる場所がある ……… 122
- 中学校のその先はどうなるの？ ……… 124
- 目標を立ててみよう ……… 126
- 中学生にはたくさんの味方がいる ……… 128
- 中学校で待ってるよ！ ……… 130
- エピローグ ……… 132
- 参考文献 ……… 134　協力者一覧 ……… 135

中学生になるみなさんへ

　もうすぐ小学校を卒業し、中学校という新しいステージに進むみなさんは、今、期待と不安が入り混じった気持ちをいだいているでしょうか。中学校での生活には、小学校の生活とちがうことがたくさんあります。授業の進め方や部活動、先生との関わり方、友だちとのつきあい方など、これまでとは異なる経験が中学校では多くなることでしょう。クラスだけでなく部活動や委員会活動を通じて新しい友だちや先輩と出会うことも、中学校生活の大きな特徴の一つです。

　一方で、「中学校の勉強についていけるかな」、「部活動を選ぶとき、何を基準にしたらいいのだろう」、「友だちと仲よくできるかな」といった不安や疑問をいだくこともあるかもしれません。この本は、そんなみなさんが中学校生活をよりよい形でスタートさせるためのお手伝いをしてくれるでしょう。部活動や勉強、友だちや先生との関係だけでなく、スマートフォンやSNSの使い方、体や心の成長についてもわかりやすく解説しています。

中学校は、「自分で考えて、自分で選択し、自分で行動する」場面がふえる場所です。最初はとまどうこともあるでしょう。しかし、みなさんは一人ではありません。先生や家族、そして友だちがきっとみなさんを支えてくれます。ときにはうまくいかないこともあるかもしれませんが、それもまた大切な学びの一つになるはずです。あせらず一歩一歩進んでいくことで、きっと自分のペースで成長することができます。

この本は、みなさんが中学校生活を安心してむかえるためのガイドブックとしてつくられています。自分にとって大切なものや好きなこと、そして新しいことにチャレンジする勇気をもちながら、楽しい中学校生活を送る準備を進めてください。困難に直面しても、この本がみなさんの道しるべとなり、一歩をふみ出す勇気をあたえてくれることを願っています。中学校生活という新しい世界で、みなさんがかがやく日々を送ることを心から応援しています。

千葉大学教育学部　学部長・教授　藤川大祐

保護者の皆様へ

　お子様が小学校を卒業し、中学校へ進学されるにあたり、保護者の皆様も様々な思いを抱いておられることでしょう。成長への期待と同時に、これから始まる新しい生活において、どのようにお子様をサポートしていくべきか、悩まれることもあるかもしれません。中学校生活は、小学校生活と比べて環境やルールが大きく変わり、お子様自身に求められることも増えていきます。

　中学校では、部活動や委員会活動が活発になり、子どもたちは新しい人間関係を築く機会が増えます。また、授業内容も専門性が高くなり、教科ごとに担当の先生が異なるため、学び方やスケジュール管理がこれまで以上に重要になります。さらに、スマートフォンやSNSといった、デジタルツールの使用が一般的になる中、適切な使い方やルール作りも保護者として考えるべき課題の一つです。そして思春期に差し掛かるお子様の心と体の成長にどう向き合い、寄り添うかも重要なポイントです。

　本書は、お子様が保護者の皆様と一緒に中学校生活の変化を理解し、お子様を適切に支えるための情報を提供することを目的としています。部活選びや勉強の進め方、人間関係の築き方、スマートフォンやSNSの安全な使い方、さらには心と体の変化にどう対応するかといった具体的なアドバイスを盛り込んでいます。これらの内容は、単に情報をお伝えするだけでなく、お子様と一緒に話し合い、考えるためのきっかけとしても活用していただけるよう工夫しています。

　私は、保護者の皆様が、お子様の中学校生活をサポートするうえで一番大切なことは、適切な距離感だと考えています。お子様の不安や悩みに耳を傾け、必要なときに寄り添い、時には適切な助言をすることで、お子様は安心して新しい環境に挑戦することができます。また、時には失敗や挫折を経験することもあるかもしれませんが、それも成長の一環であると受け止め、温かく見守っていただきたいと思います。

　本書が、お子様と保護者の皆様の不安や疑問に答えるだけでなく、お子様との絆を深めるきっかけとなり、家族で中学校生活を前向きに迎えるための一助となることを願っています。お子様と共に本書を活用していただきながら、新しいステージへの一歩を踏み出す準備を進めていただければ幸いです。

千葉大学教育学部　学部長・教授　藤川大祐

さあ、楽しい中学生活への準備をはじめよう！

もうすぐ中学生になるみなさん！　中学校は楽しみですか？
小学6年生のなっちゃんとふゆくんは、
中学校への期待と不安で、
気になることがたくさんあるようです。
ふたりといっしょに、中学校がどんなところなのか、
中学生になったらどんな変化が起こるのかを知って、
楽しい中学生活をむかえる準備をしましょう！

人物紹介

なっちゃん
小学6年生。中学校へ入るのはちょっと不安もあるけれど、わくわくが止まらない元気な女の子。

ふゆくん
小学6年生。なっちゃんのおさななじみ。中学校に入るのは不安がいっぱいで、ちょっぴり心配性な男の子。

あきさん
中学2年生。ふゆくんのお姉さん。中学校ではバドミントン部に入っている。

プロローグ

今日は中学校の見学会の日です

中学校ってどんなところ？

中学校に入学する前には、

楽しみなことも不安なこともたくさんありますよね。

でも、先に入学している先輩たちも

同じだったみたいですよ。

中学校と小学校のちがいを、

先輩たちの体験談といっしょに見ていきましょう。

第1章 中学校ってどんなところ？

みんなドキドキ！どんなことが心配？

> 中学校って小学校と全然ちがうのかな？ きんちょうするなあ。

> そうだよね、私も入学前は不安だったけど、今は楽しいよ。みんな不安な気持ちで入学してくるんだよ。

🏫 だれでも不安をかかえて入学する

中学校がどんなところなのか、ほとんどの新入生が不安に思うものです。先輩たちが入学前に不安だったことを見てみましょう。アンケートの結果を見ると、学習内容がはば広くなる勉強のこと、新しく出会う人間関係の不安などが多くなっています。

不安に感じていたことランキング（複数回答あり）

1	勉強のこと	65人
2	人間関係のこと	49人
3	部活動のこと	10人
4	とくになかった	10人
5	毎日の生活のこと	5人

> 全部で129人の中学1年生にアンケートをしてみたよ！

👉 勉強の何が不安だった？

> 算数が数学になったりして、勉強がむずかしそう。

> 授業のスピードが速くなって、勉強についていけなかったらどうしよう。

> テストがむずかしくなるって聞いた。成績やテストの点数が悪くなるのはいやだなぁ。

👉 人間関係の何が不安だった？

- 知らない小学校の人たちと仲よくできるかな？
- 先輩がこわそう。あいさつとか言葉づかいに気をつけなきゃいけないのかなぁ。
- 最初のクラスに話せる友だちがいなかったらどうしよう。
- いじめはふえたりしないかな。

不安はあるけど新しい友だちがふえるのは楽しみだよね！

👉 部活動の何が不安だった？

- 部活動ってどんな活動をするのかわからなくて不安だな。
- 練習が多くてたいへんそうだな。夏休みも練習するのかな。
- 部活動と勉強の両立はできるのかな。
- 部活動には入りたいけど、運動部は上下関係がきびしいって聞くし、雰囲気になじめるかなぁ。

私は吹奏楽部に入って楽器が上手になりたいなー！

👉 毎日の生活で何が不安だった？

- 部活動の朝練習が早くてねぼうしないか心配。
- 塾が夜おそくまでになるから、ねるのがおそくなりそう。
- いそがしくて自分の趣味の時間や友だちと遊ぶ時間がとれるのかなあ。

新しい環境になるときはみんな不安なんだね！

第1章 中学校ってどんなところ？

中学校生活 どんなことにおどろいた？

私が中学校でびっくりしたのは体育祭で出る種目を生徒が自分たちで決めていたことだよ。

えー！？ そんなことまで生徒で決めるんだ！ 楽しみー！

🏫 意外といろんなおどろきがある

入学してからおどろいたことでは、授業についてのほか学校施設についてなど、あまり心配していなかったことにおどろいた人が多いようです。

先輩がおどろいたことランキング（複数回答あり）

1	授業について	37人
2	施設について	36人
3	休み時間について	20人
4	生徒の人数が多かった	15人
5	部活動について	13人

1、2年生合わせて207人に聞いたよ！

授業についておどろいたこと

- 教科ごとに担当の先生がかわるし、先生によって授業の雰囲気が全然ちがった！
- 授業のスピードが小学校よりもずっと速くなった……。
- 授業の内容がむずかしくなった。
- 授業の時間が少しだけ長くなった！
- テストが小学校よりもずっとむずかしくなった。

施設についておどろいたこと

- 小学校より敷地が広くて、教室の数も多かった！体育館もグラウンドも広くなった！
- 技術室や野球場、部室など小学校にはない施設があった！
- 校庭に遊具が全然なかった……。

小学校にない施設があるんだね！早く見てみたいな！

休み時間についておどろいたこと

- 毎日の長い休み時間（20分休み、業間休み、中休みなどとよばれる）がなくて、外に行って遊ぶ時間がなくなった。
- 授業と授業の間の休み時間は小学校は5分だったけど、中学校では10分だった。

ほかにもいろんなおどろきがあった！

- 登下校には制服を着なきゃいけない時期と、ジャージを着てもいい時期があった！
- くつしたの色が決められているなど、校則がきびしかった！
- 芸術鑑賞会や生徒会選挙など、新しい行事があった！

などなど

意外なおどろきはまだまだあったよ。どう？中学校がどんなところか気になってきたでしょ！

15

第1章 中学校ってどんなところ？

小学校と中学校はどこがちがうの？

小学校とのちがいって、たくさんありそうだけど、一番最初に思いつくのは、部活動があるところかな。

ぼくはテストがたいへんだって聞いたよ！

どっちも合ってるし、まだまだいろんなちがいがあるよ！

勉強も生活もステップアップ

中学校に入ると、小学校よりも勉強面、生活面両方とも発展します。たとえば、勉強面では、授業の時間が長くなったり、生活面では部活動がさかんになったりします。

小学校の学びから発展

小学校で学んだことを基礎にして、よりくわしく学んだり、新しい視点で考えたりします。また勉強内容が発展するのに合わせて、教科の名前がかわるものもあります。一番大きな変化は、テストの形式や回数がかわることです。授業もスピードが上がり、時間も少し長くなるなどのちがいがあります。それらの勉強の変化についていくために、学校の時間以外での勉強も、必要になってきます。→第2章

小学校と中学校の教科くらべ

小学校	中学校
国語	国語
算数	数学
外国語（英語）	外国語（英語）
理科	理科
社会	社会
家庭科	技術・家庭科
図工	美術
体育	保健体育
音楽	音楽
（道徳・総合・学級活動など）	（道徳・総合・学級活動など）

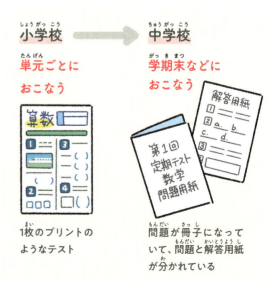

小学校 → 中学校

単元ごとにおこなう／1枚のプリントのようなテスト

学期末などにおこなう／問題が冊子になっていて、問題と解答用紙が分かれている

部活動が本格的にはじまる

部活動がない小学校は多いですが、ほとんどの中学校には部活動があります。部活動の種類は学校によってちがいますが、自分の希望する部に所属して、活動をすることができます。

部の活動時間によって、登下校の時間のちがいも出てきます。→第3章

施設もちがってくる

まず、小学校よりも敷地が広くなることが多いです。1学年のクラス数が多くなり、教室の数が多かったり、小学校にはあまりない、部活動のための野球場やテニスコート、武道場などがあったりするからです。

また、教室やグラウンドなどの設備が、中学生の体に合わせて大きくなっていることもあります。さらに、「技術室」や「美術室」など特別教室の名前や置いてあるものも少しずつかわります。

生徒会活動がある

中学校では、生徒会活動があります。学校のために活動をする組織が生徒会です。生徒会というと大きな組織のように聞こえますが、小学校の委員会活動とあまりかわりません。生徒全員が生徒会の一員で、そのなかから各委員会に所属したり、生徒会執行部に所属したりして、役割分担をします。アニメやマンガでよく見る「生徒会」とは生徒会執行部のことが多いです。→P.21

生徒会のしくみの例

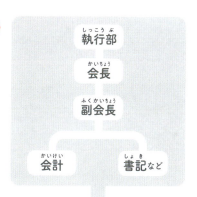

生徒会
- 執行部
  - 会長
  - 副会長
  - 会計
  - 書記 など

委員会 など
- 学級委員
- 学習委員
- 美化委員
- 体育祭委員
- 図書委員
- 選挙管理委員
- 給食委員
- 放送委員

など

第1章 中学校ってどんなところ？

中学校の1日を見てみよう

中学生になったら授業の勉強の時間が長くなったりして帰る時間もおそくなるのかなあ。

放課後に部活動がなければあんまりかわらないよ。部活動があるとけっこうおそくなるけどね。

小さな変化がたくさん

中学校と小学校では1日の授業のタイムスケジュールは大きくはかわりません。しかし、授業時間が5分だけのびたり、休み時間がのびても移動教室が多くて小学校のときほどよゆうがなかったり、小さな変化はたくさんあります。

🏫 中学校と小学校の1日のちがい

中学生の1日のタイムスケジュールは小学6年生と大きくはかわりません。授業時間が少し長くなったり、休み時間の長さがかわったりします。下校時刻は少しおそくなります。

👉 1日のスケジュールをくらべてみよう

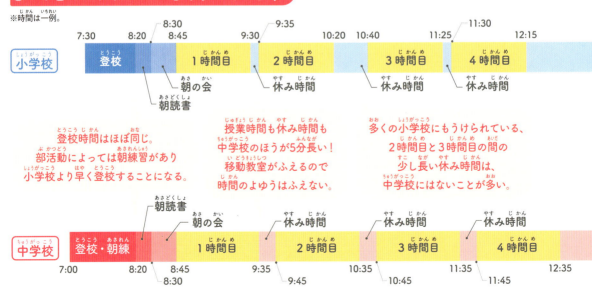

18

🏫 1週間のスケジュールも見てみよう

小学校6年生は1週間で28コマの授業がおこなわれることが多いですが、中学校では、29コマと、少しだけふえます。1年で見ると35コマの差があります。小学校のときには週に5コマあった国語や算数（中学校では数学）の授業が、1回ずつへり、そのかわりに、外国語の授業が週に4コマにふえます。

👉 時間割の例

	月	火	水	木	金
1	国語	理科	保健体育	数学	美術／音楽
2	社会	外国語	国語	理科	外国語
3	外国語	国語	音楽	保健体育	数学
4	理科	技術・家庭科	数学	道徳	社会
	昼休み				
5	技術・家庭科	数学	総合	外国語	国語
6	美術	保健体育	総合	社会	学級活動
	放課後				

どこがかわったの？

教科名
- 算数 ➡ 数学
- 体育 ➡ 保健体育
- 家庭科 ➡ 技術・家庭科
- 図工 ➡ 美術

授業数
- 国語と数学は週5回から、週4回にへる
- 外国語が週1回から4回にふえる

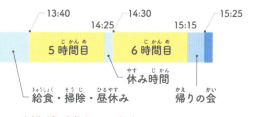

給食・掃除・昼休み ／ 5時間目（13:40〜14:25）／ 休み時間 ／ 6時間目（14:30〜15:15）／ 帰りの会（〜15:25）

中学校は給食などの開始は30分ぐらいおそくなる。時間も少し短くなる学校がある。

「大きな差がないのは安心だけど、長い休み時間がないのはショック……。休み時間に校庭で遊ぶ機会はへりそうだね。」

下校の時間は中学校が30分ほどおそくなる。部活動に入っている人は1〜2時間ぐらい活動をするので、おそいと18時ごろになる。

給食・掃除・昼休み ／ 5時間目（13:55〜14:45）／ 休み時間（14:55）／ 6時間目（〜15:45）／ 帰りの会（〜15:55）／ 部活動（〜18:00）／ 下校

第1章 中学校ってどんなところ？

中学1年生の行事を見てみよう

> 小学校の行事では運動会が楽しかったけど、中学校に入るとどんな行事があるのかなぁ？

> 生徒会選挙って知ってる？ 小学校にはなかったから新鮮だよ！

生徒が主体で進める学校行事

中学校に入ると学校行事に生徒会選挙が新しく加わります。それ以外の行事は、運動会が「体育祭」になるなど行事の名前はかわりますが、内容に大きな差はありません。しかしどの行事も、小学生のときよりも生徒が中心になって行事を進めるようになります。

🏫 楽しい学校行事は？

中学2年生へのアンケートで、中学校に入ってから一番楽しかったことを聞くと、上位3つはすべて学校行事でした。学校行事は学校によっていろいろですが、その一例を見てみましょう。

> 2年生140人に聞いたよ！

中学1年生の年間行事の例

4月	入学式、オリエンテーション、学力テスト
5月	体育祭
6月	定期テスト
7月	交通安全教室
8月	部活動の大会（夏休み）
9月	定期テスト、生徒会選挙
10月	合唱祭
11月	定期テスト
12月	芸術鑑賞会
1月	校外学習
2月	定期テスト
3月	3年生を送る会、卒業式

先輩たちが一番楽しかったできごとランキング

1. 体育祭 　44人
2. 校外学習（宿泊学習もふくむ）　42人
3. 合唱祭　12人
4. 部活動でのできごと　9人
　　…

> 行事が毎月のようにあるんだね！ 私は芸術鑑賞会が楽しみ！

20

🏫 クラスで対決！体育祭・合唱祭

小学校にも運動会や合唱発表会はありますが、中学校では「体育祭」や「合唱祭」とよび、1年の間で一番大きな行事になります。小学校とのちがいとして、学年・クラス間で順位を競うことになることが多くなります。

クラスで優勝をめざして団結し、練習する時間やその結果がとても思い出に残る行事になります。

🏫 みんなで決める生徒会選挙

生徒会の役員を決める行事です。各クラスから希望者が立候補して、全校生徒で投票をして決めることになります。生徒の代表を決める大切な行事です。

立候補者は全校生徒の前で演説したり、生徒会選挙の運営のための委員会もあったりと、政治の選挙のような体験ができます。立候補はだれでもできる場合が多いですが、1年生は会長には立候補できないなどの決まりがあることもあります。

2、3年生のほかの行事

中学2、3年生になると、職業体験や修学旅行などの行事があります。職業体験では、地域のお店や会社で数日間仕事を体験させてもらう活動などをします。修学旅行は、学校からはなれた旅行先の地域の文化や伝統を学びながら、数日間友だちといっしょにすごします。

修学旅行の行き先ランキング

① 京都府
② 奈良県
③ 東京都
④ 大阪府
⑤ 千葉県

出典：公益財団法人日本修学旅行協会「2023年度実施 国内修学旅行の実態とまとめ」

第1章 中学校ってどんなところ？

中学生活で必要になってくるものは？

中学校に入るときって何が必要なの？ 入学前に買わなきゃいけないものはあるの？

まず制服は入学式までには用意しないとね！

入学前に準備するものもある

入学前には制服や体操服をそろえる必要があります。教科書やドリルなどは入学後に学校で配られたり、買うものを指定されることが多いです。どんなものが必要になるのか、見てみましょう。

🏫 入学準備は冬ごろから

中学校への入学準備は冬ごろからはじめる場合が多いです。12月～1月ごろにある入学説明会などで、準備するものを事前に教えてもらいます。

入学前に準備するものは、制服や通学バッグなどの登下校に必要なものと、入学式の日から使う筆記用具などです。

🏫 制服は指定のものを準備する

多くの中学校では、制服、体操服の指定があります。

制服 登下校や授業中、集会など、さまざまな場面で着る、中学生の基本の服装。

体操服 体育の授業や掃除のときに着る。1日体操服ですごすこともある。

セーラー服
背中に大きなえりがついているトップスのタイプ。

学ラン
シャツの上に首回りが筒状につまっている上着を着るタイプ。

ブレザー
シャツやブラウスの上にジャケットをはおるタイプ。男女ともにあるデザイン。

男女関係ないデザインの制服や、スカートやスラックスを自由に選べる学校も多いよ。

22

通学バッグ
学校指定のことがほとんど。リュックや肩からかけるタイプが多い。

上ばき
学校で指定されていることが多く、学年ごとに色が指定されていることもある。

通学ぐつ
色やタイプのルールはあるが、自由に選べる場合が多い。

毎日の持ちものを見てみよう

中学校に持っていくものは、小学校と大きくはかわりません。毎日の授業に使う教科書、ドリル、ノート、筆記用具、体操服や、部活動で使うものなどです。

持ちものの例

入学前に用意
- 体操服
- 筆記用具

入学後に用意
- 教科書
- ドリル
- ノート
- 部活動で使うもの
- PCやタブレット

筆記用具
シャープペンシルや色ペンなど、小学校で禁止だった筆記用具もOKになることが多い。

PCやタブレット
入学後に学校で貸し出しされる場合がほとんど。基本的に学校で保管していて、宿題などで使用するときには持ち帰ることもある。

おすすめの持ちもの
身だしなみグッズは持っていくのがおすすめ。授業などに直接必要ないものは、校則の範囲内で持っていくよう注意が必要。→P.25

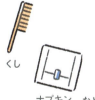

ハンカチ　ハンドクリーム　リップクリーム　くし　ナプキン　など

\ もっと知りたい /
スマホやお金は持っていってもいいの？

スマホやお金は持ちこみを禁止している学校もありますが、緊急時には必要になることもあるので、学校にいる間はスマホの電源を切る、朝先生にあずけるなどのルールで、持ちこみがOKな学校もあります。勝手に持っていくと没収されてしまうこともあるので、持っていきたいときはよくルールを確認しましょう。→P.25

中学校の校則ってどんなもの？

私、制服ってあこがれてたんだよねー！ スカート短くしたり髪色も明るくして着こなしたいなー！

うーん、それはむずかしいかも。校則で制服や髪型とかのルールがあるから。私も髪型が決められていたのには最初はちょっとがっかりしたよ。すぐに慣れるけど！

校則は学校全体のルール

中学校に入ると、ほとんどの学校で「校則」という学校のルールがあります。学校内で生活するうえで、みんなが安全に快適にすごすために、しっかり守るのが大前提です。

どんな校則があるの？

中学校の校則は、主に、服装や身だしなみ、持ちもの、登下校に関するものが一般的です。勉強や運動のじゃまにならないようにするため、盗難や誘拐などのトラブルをふせぐためなど、安全のためにもうけられているものが多く、それぞれの校則には理由があります。一例を見てみましょう。

服装や身だしなみに関する校則の例

制限つき
- ヘアゴムの色は目立たない色
- 髪の毛は、肩についたら結ぶ
- シャツやブラウスのボタンはしめる
- くつしたはくるぶしより長いもの
- くつしたは白、デザインはワンポイントまで
- 通学ぐつは白か黒

禁止
- 髪の毛を染めてはいけない
- 整髪料はつけてはいけない
  ※ツーブロック、お団子、編みこみが禁止の場合もある
- メイク、ピアスは禁止
- アクセサリーは禁止
- スカート丈は決められた長さより短くしてはいけない

持ちものに関する校則の例

制限つき
- スマートフォン、携帯電話は学校に申請し認められれば持ってきてもよい
- リップクリームやハンドクリームは無香料

禁止

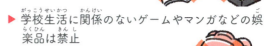

- 学校生活に関係のないゲームやマンガなどの娯楽品は禁止
- バッグにキーホルダーは禁止
- スプレータイプの制汗剤は禁止

登下校に関する校則の例

制限つき

- 制服で登下校する
  ※ジャージでの登校が認められる場合もある
- 自転車は家から学校が一定距離以上はなれている人のみ使用可

禁止

- 7時より早く学校に来てはいけない
- 18時以降に敷地内にいてはいけない
- 買い食いは禁止
- 制服で飲食店などに入ってはいけない

先輩VOICE

\ 252人にきいた！ /

校則ってきびしいの？

小学校より校則がきびしくなったと感じた人
男 24.4%（139人中34人）
女 34.5%（113人中39人）

> ヘアゴムやくつしたの色まで決まっていてびっくりした。

> 小学校のルールとあまりかわらなかったから、すごくきびしいとは思わなかったよ。

\もっと知りたい/ 「ブラック校則」があることも

校則のなかには現代の学校生活に合わない、はっきりとした理由がない、「ブラック校則」とよばれるものもあります。よく知られているものには、「下着の色は白のみ」や「男女交際禁止」などがあります。これらは近年改善されてきていますが、もし、目的がわからずだれのためにもならない校則があれば、生徒会で問題提起をして校則の変更を求めるといったこともできます。

もっと知りたい

公立中学と私立中学

中学校には大きく分けて公立と私立があります。全国の中学生約314万人のうち、私立中学校に通っている中学生は約25万人です（文部科学省「令和6年度学校基本調査」）。少数ですが、国立大学法人による国立中学校もあります。

公立中学、私立中学それぞれメリットやデメリットがあります。自分がどのような学校生活を送りたいのか考え、私立中学校を希望する場合は、保護者にできるだけ早く相談してみましょう。

公立と私立をくらべてみると

公立中学

都道府県や市区町村が運営する学校です。市区町村立の学校はその地域に住んでいればだれでも通うことができます（県立の場合は入学試験がある）。

メリット
- 授業料がかからず、私立にくらべて学費が少なくてすむ
- 家から通いやすい
- 小学校からの友だちが多い

デメリット
- 学校の雰囲気は選べない
- 先生の異動があり、授業の質は一定ではない
- 生徒によって学力の差が大きい
- 進学するには、高校受験をする必要がある（中高一貫校※の場合を除く）

※中学校に高校が併設されている学校や、中学校と高校の教育をまとめて6年間でおこなう中等教育学校など

私立中学

公立ではない中学校です。入学試験を受験して、合格した場合のみ通うことができます。

メリット
- 好きな雰囲気や施設の学校を選ぶことができる
- 先生の異動がほとんどなく、授業の質が一定である
- 中学から高校まで連携して教育をおこなう学校が多く、高校受験が不要になったり楽になったりする

デメリット
- 公立中学より学費がかかる
- 家から通いにくいこともある
- 入学試験のため、小学校のときから受験勉強をする必要がある（4年生から5年生ごろからはじめる人が多い）
- さまざまな小学校から生徒が集まるので、新しい人間関係をきずく必要がある

どちらにもメリット・デメリットはあるけれど、私立中学に行くには受験勉強が必要なんだね。

26

第2章

中学校の勉強はどんな感じなの？

小学校と中学校の勉強では、

さまざまなちがいがあります。

どんなちがいがあるのか、

どう勉強していったらよいのかを見てみましょう。

第2章 中学校の勉強はどんな感じなの？

ここがかわる！中学校の授業

中学に入ると勉強がたいへんになるって本当？ ついていけるか不安だな……。

小学校とまったくちがうことをするわけじゃないから、心配しすぎないで！ でも、小学校とは授業やテストのしかたが大きくかわっちゃうってことは、知っておいたほうがいいかも。

えっ、どういうこと？

小学校とは授業やテストのしかたがちがう

中学校では、授業をする先生が教科ごとにかわる、教科担任制になります。小学校とくらべて授業の時間が長くなり、スピードも速くなります。また、テストのしかたもかわります。

📖 授業によって先生がかわる

中学校ではすべての教科をそれぞれ専門の先生が担当します。授業をはじめるときの号令のかけ方から、進め方、ノートのとり方、発表するときのルール、提出物の出し方まで、先生によってバラバラです。先生の数だけやり方があるので、最初はとまどう人も多いかもしれません。

小学1～4年生
ほぼ全教科担任の先生が担当する

小学5～6年生
基本的に担任の先生が担当し、いくつかの教科は専門の先生が担当する

中学生
すべての教科を専門の先生が担当する

📖 授業時間がのびる

小学校では授業1コマの時間は40〜45分でしたが、中学校では45〜50分になります。授業時間は学校によって異なります。1年間の授業のコマ数は小学6年生とほとんどかわりません。

📖 授業のスピードが速くなる

中学校では小学校よりも授業で習うことがふえるので、授業1回あたりで勉強する内容もふえ、授業のスピードが小学校よりも速いと感じる人が多くなります。授業をむずかしく感じる人、ノートをとるのが間に合わなくて困る人も出てきます。

📖 テストは定期テストになる

小学校では1つの単元ごとにテストをしましたが、中学校では1年間で時期を区切って、2、3か月に1回だけテストをします。これを定期テストといいます。→P.32

提出物やプリントの管理が超重要！

中学校では、先生によって提出物を出すタイミングや方法がバラバラです。教科ごとに、たくさんのプリントもわたされます。中学校では連絡帳がない場合もあるので、気をつけていないと、指示された方法で提出物を出せなかったり、テスト前に見返そうと思ったプリントをなくしてしまったりして、困ることになります。そのため毎回メモをとる、教科ごとにプリントを分けて管理するなど、小学校のときとは意識や方法をかえる必要があります。

＼おススメのグッズ／

中学生向けの手帳
1週間の予定がひと目でわかるようになっている。

NOLTY スコラ ベーシック

プリントファイル
教科ごとにプリントを分けて入れられる。

キャンパス 復習がしやすいプリントファイル

第2章 中学校の勉強はどんな感じなの？

授業についていくには、予習と復習が大事！

勉強がむずかしくなるっていうけど、宿題をやれば大丈夫だよね！

うーん、宿題の内容にもよるけど、宿題だけだと予習と復習両方はカバーできない気がするな。

予習？復習？

予習と復習の習慣をつけよう

小学校では授業と宿題でしか勉強をしない人が多かったかもしれません。しかし、今までよりむずかしくなり、スピードもアップする中学校の勉強についていくためには、授業の前後に予習と復習をすることが大切です。

📖 予習って何をするの？

次の授業で習うことをあらかじめ勉強しておくのが、予習です。予習をすると、授業の内容を理解しやすくなります。教科書を読むなどして、むずかしそうなところ、教科書を読んだだけでは理解できないところを、教科書やノートを開いたときに見た目でわかるようにしておきましょう。授業でとくに注意して聞いたり、先生に質問したりできます。

👉 おすすめの予習法

全教科 ➡ 次の授業範囲の教科書を読む

国語／外国語 ➡ 音読する

国語／外国語 ➡ わからない・新しい漢字、単語の意味を調べる

数学／理科 ➡ 教科書の例題を解く

理科 ➡ おこなう実験の手順を確認しておく

社会 ➡ 教科書の重要そうな部分に線を引く

30

📖 復習って何をするの？

まずは教科書を見ながら授業の内容を思い出してみましょう。理解できていないところがあれば、自分で調べたり、先生に聞いたりしましょう（→P.44）。授業で習った公式や漢字、単語などは、テストまでに覚えておく必要があります。数学や英語など、習ったことを応用して問題を解く教科は、問題集を何度も解いて、テストに備えましょう。

👉 おすすめの復習方法

❶ 習ったその日に少しでも復習する
教科書やノートを見直すなど、すぐできることをやる。

❷ 習った単元の問題を解いてみる
学校の問題集や、教科書の練習問題などを解く。

❸ わかる・覚えるための仕上げをする
まちがったところ、わからなかったところの教科書やノートを見返す。
まとめノートや単語帳など覚えたいことをまとめる。

何もしない / コツコツ積み重ねる

授業であせることに

授業がよくわかる！

> 予習と復習って
> たいへんそうだと思ったけど、
> 教科書を読んでおくとか、
> ノートを見返すとかなら、
> 私にもできそう！

先輩 VOICE　予習・復習どれくらいやっている？

1日30分できるかぎり毎日予習をするようにしているよ。ワークの基礎問題を解いたり、漢字の練習をしたりしているよ。（中1男子）

1日1時間ぐらい復習しているよ。教科書とノートを見直して、配られたプリントをできるようになるまでやっているよ。（中2女子）

小学校のテストとは ぜんぜんちがう！ 定期テスト

> 小学校でもテストはあったよ。そんなにたいへんだと思ったことはないけど……。

> 私もそう思って、最初の定期テストのときはあまり勉強しなかったんだ。そうしたら今までとったことのない点数をとっちゃって、どうしようと思ったよ。

> そんなにむずかしいの!?

テストの重要度もむずかしさもアップする

小学校と中学校のテストはまったくちがいます。
中学校では、テストの回数はへりますが、その分1回のテストの範囲が広くなり、1回のテストの重要度が上がります。内容もむずかしくなり、テストのための勉強が必要になります。

📖 回数がちがう

小学校では1つの単元（勉強の区切り）ごとに短いテストを各教科バラバラにおこなっていましたが、中学校では、2、3か月に1回、全部の教科をまとめて、約2日かけていっきにテストをします。

学期の半ばでおこなう中間テストと、学期の終わりにおこなう期末テストや学年末テストがあり、2期制の学校は年に約4回、3期制の学校は約5回のテストがあります。これらのテストは成績をつける基準のひとつになります。

1年間の定期テストのスケジュール

📖 1回のテストの成績への影響が大きくなる

小学校よりテストの回数が少なくなるので、1回1回のテストの結果が、成績により大きく関わります。中間と期末のたった2回のテストの結果が、成績に大きく関わることになります。

また、中学校卒業後の進路、とくに高校受験をする場合には、成績がいいと有利になることが多いので、将来のためにも重要なテストです。→P.50

小学校のテストよりも真剣にやらないといけないんだね。

📖 範囲が広くなる

約3か月分の授業の範囲を1回のテストにまとめるので、テスト範囲が小学校のときよりも広くなります。それらをすべて復習しなくてはならないので、数日では勉強が終わりません。一度にすべての教科のテストをするので、各教科をまんべんなく勉強する必要もあります。

教科書を読むだけでなく、自分で工夫して、問題を解くための勉強をしなければなりません。テストが近づいたら、計画を立てて勉強することが必要です。最低でも1〜2週間は定期テストのための勉強をしなければならないでしょう。→P.34

📖 むずかしくなる

小学校のテストでは基本的なレベルの問題がほとんどですが、中学校の定期テストでは、発展的なむずかしい問題も出ます。

小学校のテストより平均点が低くなるようにつくられることが多く、ほとんどの人が小学生のときよりもテストをむずかしく感じることになります。

先輩 VOICE　テスト勉強はどれくらいやっている?

2週間前から1日3時間勉強しているよ。学校のワークをくり返し解いているよ。(中1男子)

1週間前にはじめて、平日は2時間、休日は4〜5時間勉強しているよ。(中2男子)

定期テストに向けて計画を立てよう

定期テストの前は、計画を立てて勉強をするのがおすすめだよ。

私は直前に覚えるのが得意だし、計画とか立てるタイプじゃないんだけどな。

いやいや、小学校のテストはそれで乗り切れても、中学校はきびしいと思うよ。

そっかー。じゃあ、どうやって計画を立てるのか教えて！

テスト勉強には計画が必要

定期テストの勉強範囲はとても広いので、1日や2日では復習が終わりません。計画を立てて、1、2週間前から勉強に取り組みましょう。どの教科をどれくらい、どんな方法で勉強するかはっきりさせておくと、効率よく勉強に取り組むことができます。

📖 テスト勉強の計画の立て方

1　テスト範囲を確認する

1、2週間前には、学校からテスト範囲が発表されるので、どこまでを勉強すればいいのか、提出物はあるのかなどを確認します。

例　国語のテスト範囲は教科書4〜50ページで、ワークの範囲は1〜35ページ。

2　教科ごとにどのように勉強するか決める

教科書を読む、ノートをまとめる、問題集を解くなど、どう勉強するのかを考えます。

例　ワーク以外は国語は漢字練習、英語は音読と単語帳をやろう。

3　何日前にどれくらいやるか決める

テスト前日までに勉強が終わるように、学校のワークを中心に1日何ページまでやるのか、ワーク以外は何をするか決めます。

いきなり2、3週間分を考えるのがむずかしいときは、まずは1週間でテスト範囲を全教科1回は勉強するための計画を立てよう。

📖 テスト計画表をつくろう

　計画を教科ごとに時系列の表にして、わかりやすく管理しましょう。ここでは、1週間前から勉強するときのスケジュールの例を紹介します。

最初にテスト範囲を確認する	国語 ワーク 1〜35ページ	数学 ワーク 1〜40ページ	英語 ワーク 1〜20ページ	理科 ワーク 1〜20ページ	社会 ワーク 1〜35ページ
テスト 7日前	☐ 教科書を読む ☐ ワーク 1〜10ページ	その日どんな勉強をするか書く	☐ 教科書を読む ☐ 単語帳づくり	☐ 教科書を読む ☐ ワーク 1〜10ページ	まず教科書を読んでみよう ☐
6日前	☐ できたら✔ ☐	☐ ワーク 1〜10ページ ☐	☐ ワーク 1〜5ページ ☐	☐ ☐	☐ 教科書 マーカー付け ☐ ワーク 1〜15ページ
5日前	☐ ワーク 11〜20ページ ☐ 漢字練習	☐ ワーク 11〜20ページ ☐	☐ ワーク 6〜15ページ ☐ 教科書音読	毎日全教科を勉強するのはむずかしいので、1日2、3教科にする	☐ ☐
4日前	☐ ☐	☐ ワーク 21〜30ページ ☐	☐ ☐	☐ ワーク11〜20ページ(終わり) ☐	☐ ☐
3日前	☐ ☐	☐ ワーク31〜40ページ(終わり) ☐	☐ ワーク16〜20ページ(終わり) ☐ 教科書音読	☐ 用語ノートまとめ ☐	☐ ☐
2日前	☐ ワーク21〜35ページ(終わり) ☐ 漢字練習	前日はまちがえた問題や苦手なものに時間を使えるように、ワークは2日前までに終わらせる	☐	☐ ☐	☐ ワーク16〜35ページ(終わり) ☐ 覚えることノートまとめ
前日	☐ ワークのまちがえた問題 ☐ 漢字練習	☐ ワークのまちがえた問題 ☐	☐ ワークのまちがえた問題 ☐ 単語練習	☐ ワークのまちがえた問題 ☐ ノート見返し	☐ ワークのまちがえた問題 ☐ ノート見返し

第2章 中学校の勉強はどんな感じなの？

具体的にどんな勉強をするのか見てみよう

国語 中学校に入ってから、国語の授業もむずかしくなった気がするんだよねー。

えっ、日本語の授業なのにむずかしいの？

中学校では古典が本格的にはじまる

大きく分けて、説明的文章、物語的文章、古典、文法、漢字を学びます。多くは小学校で学んできたことの発展です。中学生からは古典の勉強が本格的にスタートします。

📖 たとえばどこがかわるの？

☞ **昔の言葉で書かれた物語を読む**

昔と今の言葉の発音のちがいに注意して読む。

その竹の中に、もと光る竹なむ一筋ありける。あやしがりて、寄りて見るに、筒の中光りたり。それを見れば、三寸ばかりなる人、いとうつくしうてゐたり。〈竹取物語〉

☞ **小学校では6年間で約1000字覚えた漢字を、中学校では3年間で約1000字覚える** など

新しい漢字の勉強は授業ではやらず、自分で勉強する。

数学

数学って、なんかかっこいいひびきだよね！でも、むずかしそう……。

たしかに、算数よりむずかしくなった感じがするよ。数学になってから、生活ではあんまり使わないようなことを考えることが多くて、理解するまでに時間がかかるんだよね……。

数学は生活での実感はへるけど、大切

算数では買い物のお金や歩くのにかかる時間など、実際の生活のなかで実感できる勉強が多いですが、数学では目に見えない数や記号を使った式など、実際の生活では実感しにくいものを主にあつかいます。しかし、数学を通して物事を整理して考える力など生活全体に必要な力が身につきます。

📖 たとえばどこがかわるの？

☞ xやyなどの文字を使った計算が出てくる

☞ 0よりも小さい数をあつかう　など

小学校

算数は、日常的な買い物などの計算に、役立つ実感がしやすい。

中学校

数学は、文字や記号、目に見えない数をあつかうことを通して、実生活の具体的なことではなく、考える力全体が身につくイメージ。

第2章　中学校の勉強はどんな感じなの？

外国語（英語）

中学校は英語の授業が多くなるんだよね？ぼくも英語ペラペラになったりするかな!?

ペラペラにはならないかもしれないけど、自分で考えて文章をつくれるようになるよ！小学校より授業の時間がふえるし、くわしく勉強するからね！

英語の学習がより本格的になる

中学生からは英語の文法の学習がはじまり、習った文法（文章をつくるときのルール）を使って、自分でいろいろな文章をつくって書いたり、実際に話したりする勉強や、長い文章を読む勉強、聞きとるための勉強をします。

📖 たとえばどこがかわるの？

☞ **英語の文法の勉強が本格的にはじまる**

☞ **小学校では6年間で約700個覚えた単語を、中学校では3年間で約1800個覚える**

小学校

決まった文章に入れる単語を入れかえて簡単な文章をつくることが多い。

中学校

国語の「主語」「述語」のように、文章をつくっている要素や、つくるときのルール（文法）から学ぶ。複雑な文章や長い文章もつくれるようになる。

"apple"を〇〇に入れればいいのか！

I like 〇〇.で「〇〇が好き」なんだ！

きまりが多くて覚えるのがたいへんだな

ちょっとむずかしいけど、覚えたらいろいろな文章をつくれるようになりそう!!

38

理科

> 私は理科の授業の実験が好きなんだけど、中学校に入ったらもっとすごい、かっこいい実験とかできるのかなぁ？

> そんな大実験はしないけど、新しく使う実験器具は多いかも！2年生からは化学記号っていう記号を使うようになって、科学者になった気分になるよ！

理科は全部がレベルアップ

中学校の理科では小学校までの理科で学んだ内容をそれぞれよりくわしく学びます。

📖 たとえばどこがかわるの？

👉 物質や実験のものの変化を
「化学記号」や「化学式」を使ってよりくわしく表すようになる

👉 実験や観察はより細かい部分の観察、複雑な実験になる　など

おなじ「光合成」でも、中学生になるとよりくわしく表せる！

社会

> 小学校でもう日本のことはだいたい習ったよ。社会ってまだ勉強することがあるの？

> 世界のこと、経済や政治についても勉強するよ。日本のことも世界のこともまだまだ知らないことがたくさんあるんだなーって感じ！

社会の学習は、日本から世界へ

小学校までの社会では、自分たちの住む地域からはじめ、日本国内の地理や歴史、政治について学びました。

中学校ではさらに範囲を広げ、世界の地理や人間の歴史、経済のしくみについて学びます。

📖 たとえばどこがかわるの？

👉 小学校では日本の勉強がほとんどだったけれど、
中学校では、世界の文化、歴史も学ぶ

👉 小学校の歴史は人物中心に学んだけれど、
中学校では歴史の流れを中心に
学ぶようになる　など

- 世界のいろいろな気候と人々のくらし
- 世界の人々のいろいろな宗教
- 日本の歴史と世界との関わり

小学校
歴史上の人物が何をしたかが中心

源 頼朝

いつの人？
何をした人？

政治はどう
かわったの？

中学校
歴史の流れや影響をあたえたできごとが中心、人物はその一部

平安					鎌倉	
1156	1159	1180	1185	1185	1192	1221
保元の乱	平治の乱	平清盛が太政大臣となる	源平の争乱	平氏がほろびる	源頼朝が守護・地頭を置く	源頼朝が征夷大将軍となる

承久の乱

技術・家庭科

中学校でも家庭科はあるんだね。調理実習とか楽しみだな～。でも、「技術」って何？

家庭科と技術科っていう科目がくっついて技術・家庭科っていう教科なんだよ。家庭科だけじゃなくて技術科の勉強もするんだよ。

家庭科に技術科が加わる

技術・家庭科は、技術科と家庭科に分かれています。技術科では、世の中のものをつくる「技術」がどのように工夫されて利用されているのかを学びます。家庭科では、小学校からの続きで、大人になったとき自立し、より良い生活を送れるのか、自分と家庭や社会の関わりと合わせて学んでいきます。

📖 **技術科** たとえばどんなことをやるの？

☞ 新しい機械を使ってより複雑なものづくりをする「技術」を学ぶ

☞ プログラミングでねらった動きをさせる「技術」を学ぶ　など

自分で設計図を書いて、機械で木材を加工してブックスタンドづくり！
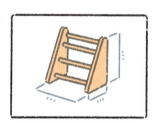

📖 **家庭科** たとえばどこがかわるの？

☞ 自分の身のまわりの

生活ができるようにするだけでなく、

社会の一員としての

生活もできるような学びに発展する

商品を選ぶときにも責任をもって考えるための知識をつける！

どの商品が環境にも人にもやさしいのかな？

第2章 中学校の勉強はどんな感じなの？

保健体育

体育に保健がくっついてるから、保健の授業がふえるのかな？

たしかにちょっと保健の授業がふえたかも。ものすごくふえたわけじゃなくて、やっぱり体育のほうが多いよ。体育祭の練習を体育でやる時期には、みんなとっても気合が入るんだ！

運動や保健にもっとくわしくなる

保健体育は運動をする体育分野と、心と体の健康について学ぶ保健分野に分かれます。小学校の体育分野では基礎的な運動を通して、運動に親しむことが大きな目的でしたが、中学校では、効率よく、自分から運動に取り組むことをが目的になります。保健分野は、小学校の保健の授業よりくわしく体の発達やけが、病気の予防などについて学びます。

📖 たとえばどんなことをやるの？

👉 小学校では必修ではなかった

武道にちょうせんする

防具をつけて剣道にちょうせん！

音楽

音楽の授業好きだから、中学校でもあるのうれしいなー！新しい楽器をさわれたりする？

たしかに、私は小学校ではさわらなかった楽器も演奏する機会があったよ！あとは合唱祭でたくさんのパートに分かれてハモったのも楽しかったなー！

もっと細かく音楽を表現する

小学校の音楽で学んだことを生かして、より細かな音楽の表現を学びます。たとえば、小学校の鑑賞の授業では曲の雰囲気を感じとって言葉で表現するといった内容でしたが、中学校では、曲の雰囲気について、どうしてそう感じるのか、曲のリズムの速さや音の強弱、その変化など、細かい要素に注目するようになります。

📖 たとえばどんなことをやるの？

👉 小学校では必修ではなかった

和楽器にちょうせんする

琴の演奏にちょうせん！

42

美術

美術って図工と同じでしょ？絵をかいたり、ものをつくったりするんだよね？

たしかに絵をかいたり作品をつくったりするよ！でも、美術では作品から伝わるメッセージとか美しさとかも重要なんだって！図工よりも芸術！ってイメージかなぁ。

図工より技術の工夫が求められる

美術の作品づくりでは、図工よりも、作品の美しさや、作品を通じて考えや思いを表現するなど、技術面の工夫がより求められます。芸術への関心を育むため、絵画などを鑑賞し、感じたことを言葉でくわしく表現する授業もあります。

📖 たとえばどんなことをやるの？

☞ 自分のメッセージを伝えるための作品をつくる

☞ 作者のこめたメッセージ、色使いや造形のよさを感じとって表現する

とても楽しそうな雰囲気だな。花を見て美しさに感動して描いたんじゃないかな。

総合（総合的な学習の時間） 道徳 学級活動

道徳とか総合とかって中学校でもあるの？

あるよ！小学校と大きくかわるイメージはないかな。

小学校より発展的な内容になる

総合、道徳、学級活動は、小学校に引き続き中学校でも授業があります。大きく内容のイメージがかわることはありませんが、ほかの科目同様、小学校より発展的な内容になります。

📖 たとえばどんなことをやるの？

☞ 総合で地域の職業体験をする

☞ 道徳で選挙で投票することの意味を考える

など

43

第2章 中学校の勉強はどんな感じなの？

授業についていけなくなったときは

中学校の勉強って、思ってたより楽しそう！でも、やっぱり勉強についていけるか不安だな……。

私も中学生になってはじめて苦手な教科とか、できない問題が出てきて、最初は少し落ちこんだよ。

今はどうなの？

放っておいたらどんどんわからなくなっちゃってたいへんだったから、予習と復習のくせをつけたんだ。
あとは思い切って先生に質問するようにしてるよ！

わからなくなったらすぐに解決しよう

中学校に入ると勉強がむずかしくなるので、わからない部分が出てくるのは当然です。授業中にわからないのはまったくはずかしいことではありません。わからない部分ができたときに、どう解決していくのかが重要です。

📖 すぐに解決するのが大切

勉強は、前に勉強したことの発展だったり、習ったことを前提にして進んだりするので、ひとつでもわからないことを放っておくと、その次に学習することもわからなくなってしまいます。わからないところが出てきたら、なるべく早く解決しましょう。

📖 人に聞こう、教えてもらおう

自分で勉強してみたけどわからなかったときや、どうしてその単語や公式を使うのかわからないとき、どう勉強したらいいかわからなくて自分で勉強がはじめられないときには、積極的に先生や友だちなどに質問して、教えてもらいましょう。

人に聞くのはちょっとはずかしいかもしれないけれど、勇気を出して聞いてみよう！

44

📖 ネットも活用しよう

わからないところはインターネットを活用するという方法もあります。

中学生向けにわかりやすく解説をしている動画や、テスト対策用のプリントを無料で公開しているサイト、練習問題ができるアプリなど、ネット上にはたくさんのコンテンツがあります。

たとえば、「中学1年生　理科　光の進み方」のように教科や単元を入力して調べれば、解説しているサイトや動画がたくさん出てきます。

わからないところがあるときや、ワークの問題を解き終わってしまったときなど、必要に応じて活用してみましょう。

👉 ネットの情報が正しいとはかぎらない

ネットの情報は教科書とはちがい、すべてが専門家の正しい知識のもとにつくられているとはかぎりません。そのため、まちがった情報がのっている場合もあります。

すべてを信用するのではなく、あくまでも授業のサポートとして使うようにし、授業で習ったこととちがうと感じたら、必ず先生に確認しましょう。

＼もっと知りたい／
学習障害

勉強をがんばっているのにどうしてもできない、というときには、「学習障害」という障害をかかえている可能性もあります。小学校までは気にならなくても、中学生になって勉強の内容がむずかしくなることでわかる場合があります。たとえば、右のようななやみがなかなか解決しなかったら、一度、先生や保護者などに相談してみましょう。

- ☐ 計算問題は解けるのに、文章問題になると頭に入らず何回やってもわからない
- ☐ 英単語を覚えようとしても、アルファベットが記号に見えて覚えられない
- ☐ 先生の話は理解できるのに、ノートに書き写すのが苦手

塾は利用したほうがいいの？

中学生になったら勉強もむずかしくなるし、やっぱり塾とかに通わなくちゃいけないのかな。

私は2年生になってから通いはじめたけど、たしかに小学生のときよりも通っている人は圧倒的に多いかも。

やっぱりそうなんだ。親に相談してみようかなあ。

塾や家庭教師を活用する人は多い

自分で計画を立てて勉強したり、予習や復習をしたりするのがむずかしい場合には、塾や家庭教師など、学校外の勉強のサポートをしてくれるサービスを利用してもよいかもしれません。実際に多くの中学生が塾や家庭教師、通信教育を利用しています。自分の状況に合った勉強方法を考えてみましょう。

📖 学年が上がるほど塾に通う人はふえる

多くの中学生が学習塾に通っています。公立中学校の場合、1年生で塾に通っている人は約53％です。高校受験のために通う人が多いため、学年が上がるごとにふえ、3年生では80％近い人が塾に通っています。

公立中学生の通塾率（％）

学年	％
1年	52.7
2年	66.3
3年	78.4

資料：文部科学省「令和5年度子供の学習費調査」をもとに作成

📖 とりあえず利用すればいいわけではない

塾や家庭教師の利用をはじめたからといって、やる気をもって取り組まなければ、勉強はできるようになりません。出された大量の宿題をこなす、模擬試験に連日参加するなど、やるべきことがふえるので、これらをする覚悟が必要です。遊びやほかの習い事を、塾の勉強のためにあきらめなければならない場合もあります。

お金も時間もかかることだから、親としっかり相談しないとだよね。

📖 ほかにも勉強方法はある

学校外で勉強する方法は、塾以外にもいろいろあります。自分で参考書を選んで計画を立てて勉強する、家庭教師をつけてもらう、通信教育で勉強するなどです。オンラインで塾や家庭教師のようなサービスを受けられるしくみや、わからないところだけを教えてもらえるサービスもふえています。

塾や通信教育を利用したいけれど費用の問題でむずかしいという人は、都道府県や市区町村の支援制度を活用できないか調べたり、学校の先生に相談したりしてみましょう。たとえば、「○○市　学習支援事業」のように検索すると、その自治体の学習支援事業や、それを担当している市役所の部署への問い合わせ先がわかります。

自分で書店で買える教材で勉強

塾のテクニックを学べる教材も市販されている。

文英堂『塾で教える高校入試 理科 塾技80』

タブレット端末を活用した通信教育

勉強会を開いている自治体や、塾の補助金制度がある自治体もあるよ。

＼もっと知りたい／
塾・家庭教師・通信教育のメリット・デメリット

塾、家庭教師、通信教育などのサービスには、それぞれメリット・デメリットがあります。紹介するのはほんの一例ですが、自分の生活や目的に合ったものを選びましょう。

	塾	家庭教師	通信教育
メリット	● ほかの生徒もいるので刺激になる ● 受験やテスト対策のノウハウがある	● 家に来てくれるので通う必要がない ● 個人に合わせた勉強を提案してもらえる	● 自分の都合に合わせたタイミングで取り組める ● AI分析などにより個人に合わせた教材が提供されるサービスもある
デメリット	● 集団塾だと、授業についていけなくなることがある ● 決まった曜日、時間に通う必要がある	● 家で先生と勉強するためのスペースをつくる必要がある ● 受験やテスト対策のノウハウは先生による	● 自分で勉強の進行を管理しなければいけない ● すぐに先生に質問すること・答えてもらうことができない

47

第2章 中学校の勉強はどんな感じなの？

先輩VOICE もっと教えて 勉強のこと

Q 本当にみんな予習復習をしているの？

A 予習をしている **45%**（137人中61人）

復習をしている **67%**（138人中93人）

> 思っていたより多いかも。それだけ必要なんだね！

Q どんな勉強をしているかもっと教えて！

予習 A

- 塾に行くことで学校の授業より早く進むので、予習になっているよ。
- 新しい単元が授業ではじまる前に、教科書を一通り読んでいるよ。
- 本屋さんで自分で買ったワークに1日45分ぐらい取り組んでいるよ。
- YouTubeで授業動画を見ているよ。

復習 A

- その日とったノートを見返しているよ。
- 1日30分、その日に習った部分の学校のワークの問題を解いているよ。
- 重要な単語をノートにまとめているよ。
- 学校で配られたプリントをかんぺきになるまでやっているよ。

Q いつからテスト勉強をしているの？

※中学1、2年生合計199人へのアンケート結果をもとに作成

- 1か月、それ以上前〜 10%
- 1週間未満前〜 6%
- 1週間前〜 21%
- 2週間前〜 49%
- 3週間前〜 14%

ほとんどの人が1週間以上前からテスト勉強をするんだね！

2週間前ぐらいにテスト範囲が知らされるからそこからはじめる人が多いみたいだよ！

Q どんな勉強がむずかしかった？

中学1年生128人に、入学してからどの教科がむずかしかったか聞いたところ、数学が一番多い結果となりました。

- 数学 33%
- 理科 20%
- 英語 16%
- 社会 16%
- 国語 10%
- 家庭科 3%
- 技術科 1%
- 保健体育 1%

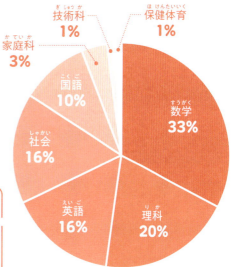

数学は文字を使う式が出てきて、はじめからむずかしかった！

英語は単語が多くて覚えるのがたいへん！

社会の歴史が、小学校より人物やできごとがふえて、覚えきれない！

理科の実験や計算が複雑になってむずかしくなったよ。

技術・家庭科も意外と覚えることがあって、テスト期間はたいへんだったよ。

内容も複雑になるし、覚えることも多いって感じているんだね。これはたしかに予習や復習が大切そう！

49

もっと知りたい
中学生の進路と内申点

内申書と内申点

中学校卒業後の進路を決めるとき、進路先の入学試験や、書類審査の評価のひとつになるのが、「内申書」です。内申書には、「内申点」や学校での活動内容、生活態度などが書かれます。基本的に、生徒は中身を見ることはできない場合が多いですが、進路が決まるときの重要な書類のひとつです。

内申点とは

内申書に書かれる「内申点」とは一定期間の成績の点数の合計のことです。3年間の合計を内申点にする地域と、3年生の成績を内申点にする地域などがあります。

成績は、定期テストの結果や授業中の態度、提出物などをもとに決められます。

進路の選択肢も広がる

受験する学校によっては、入学試験を受けるために必要な内申点が決まっている、ある点数以上の内申点があると試験に有利になるなど、試験当日の結果だけでなく、内申点も合否に影響することがあります。

内申点が試験に関係ない学校や、在学時の事情を配慮してもらえる場合もあります。

成績表の例

	知識・技能	思考力・判断力・表現力	主体的に学習に取り組む態度	評定
国語	A	A	B	4
数学	B	B	C	2
外国語	A	A	A	5

A、B、Cの3段階評価

A、B、Cの組み合わせで1〜5の評定がつく。高いほどよい。

進路のためにも、テストや成績を意識しなくちゃいけないんだ。

第3章

部活動って何?

中学校では「部活動」という

主に放課後におこなわれる活動が、

さかんになります。

「部活動」とはどんな活動なのか、

どうやって決めたらよいのか、

見てみましょう。

部活動って何？

中学生になると、部活動がはじまるんだよね！お姉ちゃんが休みの日も学校に練習に行くのを見て、いいなーって思ってたんだよね。

そうだったの？たしかに、中学生になってから一番大きな生活の変化は部活動かも。部活動がきっかけでほかのクラスに友だちもできたし。

どんな部活動があるんだろう……？

スポーツや文化活動をする課外活動

部活動（部活）は、同じスポーツや文化活動に興味をもつ生徒が集まって朝や放課後、休日など、授業以外の時間におこなう活動です。多くの中学校でおこなわれており、部活動の種類や活動内容は、学校によってさまざまです。

部活動ではどんな人と関わるの？

部活動には全学年から、その活動をしたい人が集まるので、ちがうクラスの人や、ちがう学年の人といっしょに活動することになります。そして、その活動をサポートしてくれる、担当の先生（顧問）がいます。また、専門的な指導をしてくれる外部指導員（コーチ）がいることもあります。

さらに、ほかの学校との練習試合をおこなう、地域の大会に出場するなど、自分の通う学校外の人と交流する機会もあります。

🏀 活動内容に応じた力が身につく

部活動は、自分の興味のある活動に参加できるだけでなく、さまざまな力が身につくというメリットがあります。

たとえば、チームを組んで競う運動部や、みんなで1つの作品をつくりあげる文化部などでは、コミュニケーション力やチームワークが身につきます。一方、個人で競う運動部や、一人一人の技術が求められる文化部では、自分と向き合い、試行錯誤する力などが身につきます。また、どの部活動も一生懸命取り組んでいれば、目標に向かってコツコツと向き合う力がつくでしょう。

ただし、部活動には少なからず費用がかかります。また、活動がいそがしい部に入ると、思うように自分の時間がとれなくなることもあります。

活動内容で身につく力もあるけど、私は部活で先輩がいることで年上の人と話す力もつけられている気がする！

\もっと知りたい/
部活動には絶対入らないといけないの？

部活動は、原則的には必ず入らなければいけないものではありません。男子は約77％、女子は約81％の中学生が部活動に加入しています（スポーツ庁「令和5年度全国体力・運動能力、運動習慣等調査」）。

まれに、基本的に全員が何かの部活動に入ることが学校で決められている場合もありますが、本来は自由参加のものなので、保護者を通して学校に事情を説明して相談すれば、対応してもらえることが多いです。

また、入部したあとで、自分に合わない感じたり、続けるのがつらいと思ったりしたら、退部することができます。反対に、途中でやっぱり入部したいと思った場合にも、入部の相談をすることはできます。

どんな部活動があるの？

私、運動は苦手なんだけど、私に合う部活ってあるのかなあ。

なら、文化部のなかから選ぶといいんじゃない？ 学校によってちがうけれど、ほとんどの学校に運動部と文化部がそれぞれあるみたいだよ。

運動部と文化部がある

部活動には、大きく分けて運動部と文化部があります。運動部はスポーツなど体を動かす活動を、文化部はそれ以外の、文化や芸術、学問などに関わる活動をします。

🏀 みんなどんな部活動に入っているの？

令和5年度では、中学生のうち男子の69.5％、女子の54.2％が運動部に所属し、男子の9.7％、女子の28.3％が文化部に所属しています。また、全体の0.2％の中学生は両方の部に所属しています。（スポーツ庁「令和5年度全国体力・運動能力、運動習慣等調査」）

🏀 男子に人気の運動部

男子は女子にくらべて運動部に加入する割合が高く、とくにバスケットボール部とサッカー部の加入人数が多くなっています。

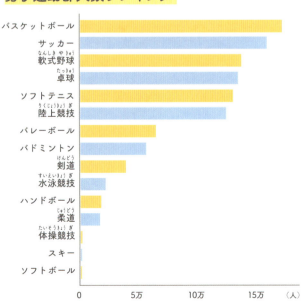

男子運動部人数ランキング

- バスケットボール
- サッカー
- 軟式野球
- 卓球
- ソフトテニス
- 陸上競技
- バレーボール
- バドミントン
- 剣道
- 水泳競技
- ハンドボール
- 柔道
- 体操競技
- スキー
- ソフトボール

0　5万　10万　15万　（人）

54

🏀 女子に人気の運動部

女子はバレーボール、ソフトテニス、バスケットボールがとくに人気の運動部です。

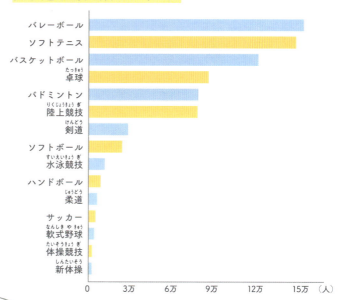

女子運動部人数ランキング

男女でくらべると結構ちがうけど、卓球とソフトテニスが男女とも5位以内だね。

おなじ競技の部活でも、男女で分かれている場合と、いっしょの部活の場合があるよ！

🏀 文化部は種類が多く、ばらつきが大きい

文化部は学校によってどんな部活動があるかはさまざまで、めずらしいものもたくさんあります。→P.66

吹奏楽部は人気があり、運動部と合わせても、もっとも加入している人の割合が多い部活動です。（文化庁「令和2年文化部活動等の実態調査」）

文化部人気ランキング

1 吹奏楽
2 美術
3 パソコン
4 茶道
5 管弦楽・器楽
6 ダンス
7 演劇
8 調理
9 将棋
9 放送

第3章 部活動って何？

部活動はいつ活動しているの？

部活って、学校の授業がない時間にやるんだよね？ 休み時間とかも部活ばっかりってこと？

いやいや、学校の授業がある昼間の時間はほとんどないよ。放課後の活動が中心かな。

活動時間は放課後が中心

部活動の活動時間は放課後が中心です。多くの部活動が放課後の活動を中心にしており、それに加えて、朝や休日にも活動をする部もあります。

🏀 活動時間と長さの目安は？

部活動の活動時間は、授業がはじまる前の朝の時間、授業が終わったあとの放課後の時間、授業がない休日のどこかで活動をおこないます。活動時間の長さは学校や部によってさまざまですが、多くは文部科学省が定めたガイドラインに沿っておこなわれています。

部活動の活動時間ガイドライン
平日　1日あたり2時間程度
休日　3時間程度
週に2日以上は活動休み

1週間の練習スケジュールの例

卓球部

演劇部

	月	火	水	木	金	土	日
	休み			休み		午前	午前
		放課後	放課後		放課後		
		朝	朝				
		放課後	放課後	休み	放課後	午後	休み

56

🏀 年間の活動スケジュールも見てみよう

多くの部活動では、大会や発表会など、定期的にある、外部の人たちと競ったり発表し合う場での活躍を目標に活動しています。部によって大会や発表会の時期は異なりますが、夏に一番大きな大会があることが多いです。

そのほかにも学年に応じた大会や、地域行事に参加するなど、季節ごとにさまざまなイベントがあることもあります。

それぞれの活動の場に向けて、ふだんの練習や活動を積み重ねています。

A中学校吹奏楽部の例

	大会やイベント	練習内容
4月		仮入部、楽器決め、基礎練習
5月	体育祭開会式演奏	基礎練習、体育祭練習
6月	定期演奏会	定期演奏会練習、コンクール選曲
7月		コンクール練習
8月	県主催コンクール地区大会	コンクール練習、合宿
9月	地方主催コンクール地区大会	コンクール練習、定期演奏会練習
10月	全日本コンクール	コンクール練習、アンサンブルコンテスト選曲
11月	地区アンサンブルコンテスト	アンサンブルコンテスト練習
12月		定期演奏会練習、アンサンブルコンテスト選曲
1月	定期演奏会	定期演奏会練習、アンサンブルコンテスト練習
2月	地方アンサンブルコンテスト	アンサンブルコンテスト練習、卒業式練習
3月	全日本アンサンブルコンテスト、卒業式入退場演奏	アンサンブルコンテスト練習、卒業式練習

A中学校バスケットボール部の例

	大会やイベント	練習内容
4月	地区大会（2年生以上）	仮入部
5月		基礎練習
6月	夏地区大会	基礎練習、大会練習（主に2、3年）
7月		基礎体力練習、大会練習（主に2、3年）
8月	夏都道府県大会	技術向上練習、大会練習（主に2、3年）
9月		技術向上練習、戦術理解
10月	秋地区大会予選	基礎体力向上練習、戦術理解
11月	秋地区大会	技術向上練習、戦術練習
12月		大会メンバー選出
1月	冬県大会	大会練習
2月		体力向上練習、技術向上練習
3月	1年生大会	大会練習

文化系の部活でも、たくさん大会や演奏会などがあるんだね。

冬に1年生大会があったりして、1年生でもしっかり練習していれば活躍のチャンスはあるよ！

部活動を選ぶときのポイントはこれ！

せっかくだから何か部活をやりたい！でも、どうやって決めたらいいかなぁ。入学してすぐに決めるのはむずかしそう。

ぼくはスポーツを見るのが好きだから、野球部かバスケ部でいいかなぁ。

ほんと？うちの中学の野球部は朝練や、放課後の練習がいっぱいあるけど、大丈夫？

……。

「興味がある」だけで選ばない

部活動は「なんとなくおもしろそうだから」という理由だけで選ぶと、自分の想像していた活動内容とちがうなどして、後悔するかもしれません。見学や仮入部をしたうえで、自分の生活に合うかどうか、その部のルールや雰囲気になじめそうか、費用がどれくらいかかるのかなども考えて、決めましょう。

🏀 入学前にどんな部活動があるか知りたい！

どんな部活動があるか、どんな活動をしているかは、地域や学校によって大きくちがいます。学校のホームページや、学校案内の冊子などに部活動を紹介するコーナーがある場合が多いので、調べてみましょう。学校によっては、地域のスポーツクラブと連携して活動している場合もあります。

🏀 部活動見学と仮入部をしよう！

多くの中学校では4月から5月にかけて、新入生が部活動を決められるように、見学や、体験（仮入部）の期間をもうけています。興味がある部に見学・体験に行って、実際に入部したときの活動をイメージしたり、気になることを顧問の先生や先輩に聞いたりしてみましょう。

チェックするポイント❶
練習内容など、ふだんの活動内容

試合や発表会などの目立つ活動だけでなく、ふだん、どんな活動をしているか確認しましょう。

たとえばサッカー部でも、筋トレやランニングなど、ボールを使わない練習のほうが多い場合もあります。1年生と上級生で練習内容がちがうこともあります。

チェックするポイント❷
活動のスケジュール

活動内容だけでなく、活動する時間帯や頻度、大会などの遠征のスケジュールなども確認しましょう（→P.56）。

習い事や家の用事とかぶってしまったり、体力に自信がないのにハードな部を選んでしまったりするのをふせぐことができます。

朝が苦手だから、朝練習が少ない部活にしようかな……。

チェックするポイント❸
先輩や先生の指導の雰囲気

部活動によって雰囲気は異なります。先輩、後輩といった学年のちがいを気にせずワイワイ活動する部もあれば、きびしい上下関係がある部もあります。先輩より早く来て準備をしなければいけない、1年生はジャージの前を開けてはいけない、などの独自のルールがある場合もあります。

その部の雰囲気やルールになじめるかどうかを考え、先輩などにも聞いてみましょう。

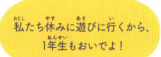

私たち休みに遊びに行くから、1年生もおいでよ！

私は先輩ともワイワイできる部活がいいなー。

ぼくは上下関係がきびしくても、しっかり指導してもらえる部活がいいなー。

第3章 部活動って何?

チェックするポイント ❹

どんな道具が必要で、お金はいくらかかるのか

部活動に入るときに、ユニフォームや活動に使う道具を買うなど、1年目はとくに費用がかかります。また、一度用具をそろえても消耗品は買いかえが必要になります。ほかにも、部費を1か月や1年単位で支払ったり、遠い場所で大会などがある場合には、遠征費などもかかったりします。

部の活動内容によって、かかる費用はバラバラですが、なかにはすべて合わせると1年間で10万円以上かかる部もあります。

入部前に、買わなければいけない道具や、活動を続けていくとかかる費用も確認しましょう。

初期費用の金額のイメージ
※金額は一例。

運動系

部費	5千〜2万円
ユニフォームや練習着	2万〜3万円
スパイクなどの競技用シューズ	8千〜2万円
ラケットやグローブなどの道具	1万〜3万円
計	約4万〜10万円

文化系

部費	数百〜2万円
用具	0〜数万円
計	数百〜数万円

費用がかかるものの例

▶ スポーツに合わせたシューズ、ラケット、ユニフォームなどの道具を最初にそろえる
▶ 練習用のジャージやシャツの購入が必要なこともある
▶ シューズや楽器のリードなどの消耗品は買いかえが必要になる

サッカー部の例

スパイク(シューズ)
消耗するので途中で買いかえもある

ユニフォーム

練習着
部によって練習時に着るものも買う必要がある

大会の出場費・遠征費

吹奏楽部の例

マウスピースやリード
口をつける部分は個人で買う

楽器本体
自分用を買うと数十万円かかることもある

楽譜用ファイル

コンクールの出場費・遠征費

美術部の例

絵の具や粘土などの画材

コンクールへの出品費

🏀 保護者に相談しよう

部活動には費用がかかります。また、大会などの遠征への保護者の同行など、保護者の活動への支援や参加が求められる部活もあります。家族の生活にも関わる問題なので、自分一人で決めるわけにはいきません。入りたい部活が決まったら、保護者に相談しましょう。

私は入部候補の部活動の費用とか、親にお願いしたいことを書き出して相談したよ！

費用や親のサポートなど、いろいろ考えないといけないことは多いけれど、まずは自分が一番やってみたいことを伝えてみよう。

家事を手伝うことを条件に、お父さんが大会の手伝いに来てくれることになってたよね！

\もっと知りたい/
地域でおこなう部活動

今、部活動のあり方は、少しずつかわってきています。地域や学校によって状況はさまざまですが、学校ではなく、地域で部活動をおこなうようになってきています。

たとえば、地域の人たちで運営しているスポーツクラブに生徒が所属して、部活動のかわりに活動をしているところがあります。また、平日は学校の部員だけで活動して、土日は地域のクラブでの活動をするところ、学校には部活動がなく、完全に地域で活動をしているところなど、地域での部活動の形はさまざまです。地域で活動することで、学校の先生やコーチだけでなく、地域の経験のある人に教えてもらえたり、地域のほかの学校の生徒やちがう年齢の人たちとの交流ができたりします。

地域で部活動をおこなう例

A中学校　学校内と地域のスポーツクラブが連携		B中学校　学校内に部活動はなし
平日	土日	部活動がないかわりに地域のスポーツクラブですべて活動
A中学校○○部として学校内で活動	地域のスポーツクラブへ行ってクラブの一員として活動	

61

習い事や趣味も楽しもう

入りたい部活はあるけど、小学校のときから通っていたピアノ教室も続けたい。両立ってできるのかな？

放課後に習い事や地域のボランティアをしてる友だちもたくさんいるよ。家で趣味を楽しんだっていいんだし！

学校以外の活動の場

中学生の放課後の活動の場は部活動だけではありません。習い事をしたり、地域活動やボランティア活動に参加したり、さまざまな選択肢があります。

🏀 習い事ってどんなものがあるの？

スポーツのクラブチームや、学習塾、英会話など、さまざまなものがあります。部活動とちがい、自分が望むものを選ぶことができるので、興味のある部活動がない人や、部活動より本格的に取り組みたい人に向いています。

習い事によって費用はさまざまですが、部活動よりも多くかかることが多いです。

🏀 地域活動やボランティアに参加

ボランティア団体やNPO団体、ボーイスカウト団などに入るという選択肢もあります。自然体験をしたり、だれかのためにボランティア活動をしたり、学校では学べないことを体験できます。

団体に所属していると、高校受験のときに学校以外の活動として内申書（→P.50）に記入することができ、入試に有利になったり、面接でアピールポイントになることもあります。

中学生習い事ランキング

1. 学習塾
2. 英会話教室
3. 英語塾（読み書き中心）
4. 通信教育
5. 音楽教室
6. 習字・書道
7. サッカー・フットサル
8. そのほかのスポーツ
9. 水泳
10. バスケットボール

出典：学研教育総合研究所『2023年中学生白書』

都道府県や市区町村単位で設置されているボランティアセンターでは、いろいろなボランティア活動を紹介してくれるよ。

🏀 部活動と習い事って両立できるの？

部活動に入るからといって、今まで通っていた習い事をやめなければいけないわけではありません。中学生全体の80%近くが部活動に所属している一方、中学生全体の70%以上が習い事など学校外での活動をしており、部活動と習い事の両方に取り組む人が多いようです。部活動は活動日時や下校の時間が決まっているので、部活動が終わったあとや休みの日に習い事をするなど、工夫すれば時間的な両立はできます。

興味のある部活動がいつどれくらい活動しているのかを調べ、自分の体力やかかる費用なども考えて、決めるといいでしょう。保護者ともよく相談しましょう。

🏀 部活と習い事、どっちがいいの？

小学生のときから続けている習い事を、中学生になっても続けたい場合、もし中学校に同じ内容の部があったら、部活動と習い事のどちらで取り組むか迷うと思います。

それぞれのメリットとデメリットを考えてみましょう。また、それぞれの特徴を生かして両方に入るという方法もあります。

部活

メリット
- 習い事より安く活動できることが多い
- 授業が終わってすぐに活動できる
- 同じ学校の仲間と活動できる

デメリット
- 専門家によるくわしい指導は受けられないことが多い
- 用具や設備が充実していないことも多い

習い事

メリット
- 専門家にくわしく教わることができる
- 用具や設備が充実しているところを選べる
- 学校外の人と交流ができる

デメリット
- 自分で探して選んで手続きする必要がある
- 部活動よりお金がかかることが多い
- 自分で活動場所に行かなければならない

中学生から新しく何かをはじめたいときも、部活か習い事かで迷うよね！

私の友だちには、バドミントン部で仲間と活動するのを楽しんで、習い事のバドミントンでスキルアップをしている人もいるよ！

第3章 部活動って何？

先輩 VOICE

＼もっと教えて／
部活動のこと

Q その部活動を選んだきっかけは？

A

先輩が優しくて部の雰囲気がよかったから。（ソフトテニス部）

小学校でミニバスケットボールをやっていたから、中学校でもやりたくて。（バスケットボール部）

習い事と両立できそうだったから！（美術部）

サッカーが元から好きだったから！（サッカー部）

音楽に興味はあったし、友だちにさそわれたから。（吹奏楽部）

仮入部に行ってみたら楽しかったから！（卓球部）

自由な雰囲気があったから。（美術部）

みんな興味があるだけじゃなくていろいろ理由で選んでいるんだね！

64

Q 部活動で楽しかった・うれしかったことは？

A

大会で結果を残したこと！（ソフトテニス部）

友だちと話したりしながら上手になれることが楽しいよ！（ソフトボール部）

大会での試合も応援も楽しかった！（卓球部）

先輩がおもしろい人たちだったこと。（ハンドボール部）

合奏でみんなと一つの演奏をできたこと。（吹奏楽部）

公演を成功させたあとの、達成感やお客さんの楽しかったという顔、あの空気感が大好き！（演劇部）

どんなにきつくても仲間とはげましあってがんばれること。（剣道部）

Q 部活動で苦労した・たいへんだったことは？

A

習い事と両立すること。（野球部）

先輩との上下関係がきびしかった。（サッカー部）

夏の暑い時期の外での練習はきつい！（ソフトテニス部）

練習試合が毎週あって朝が早くて起きるのがたいへん。（ソフトボール部）

疲れたり、帰りの時間がおそくなったりして勉強時間がへりがちなこと。（バレーボール部）

楽しいことだけじゃなくて苦労することもあるんだね。

もっと知りたい

あるかも？ めずらしい部活動

部活動は学校によっていろいろな種類があります。調べてみたらおもしろい部活動があるかもしれません。実際に全国にある、めずらしい部を見てみましょう。

めずらしい部活動

クライミング部

ロープを使わずに壁を登るボルダリングや、ロープをかけながら登るリードクライミングを、大会での入賞を目指し、学校外の施設で練習している。

地域研究部

鉄道や地理、歴史について、研究・発表している。地域の鉄道会社とコラボレーションをした文化祭での企画などもおこなっている。

日本伝統文化研究部

華道を中心に茶道、書道など、日本文化にふれる活動をおこなう。生け花に合わせて花材や名前を筆で書いたり、書道作品を併せて展示したりしている。

ブロックフレーテアンサンブル部

器楽のなかでもリコーダーだけをあつかう部。8種類のリコーダーで演奏し、演奏会を開いたり、コンクールに出場するなどの活動をおこなっている。

カヌー部

江東区が設立した、江東区立の中学校に通う生徒ならだれでも加入できるカヌー部。カヌーの大会での入賞を目指して練習をおこなっている。

学校単位じゃない部もある！

どんな部活があるのか楽しみになってきたな！

[第4章]

中学生の人づきあい

中学校に入ったら、どんな人に出会うのか、

人間関係はどうかわるのか、

不安になるかもしれません。

新しく出会う人との人間関係のきずき方や、

もしものトラブルになったときの解決のヒントを

入学前にチェックしてみましょう。

第4章 中学生の人づきあい

人間関係のなやみがふえる？

中学校にはほかの小学校から来る子がいたり、先輩もできるんだよね？ 友だちが新しくできるのは楽しみだけど、うまくやっていけるかちょっと不安だな。

わかる！ ぼくも、中学生になるといじめもふえるのかな？ とか、いろいろ考えちゃって……。

人間関係になやむ時期

中学生になると、ほかの小学校出身の子や部活動の先輩後輩など、人間関係が広がるとともに、思春期に入り、身近な人との関わり方になやむ人がふえます。中学校という新しい環境と、思春期という時期が重なるので、人間関係でなやむのは当然のことです。

思春期の影響が大きい

思春期は、体も心も大人に向かって成長していく時期です。心が不安定になりやすく、意味もなくイライラしたり、自信がなくなったり、ほかの人からどう見られているか気になったりします。また、大人から自立したいという気持ちも芽生えます。→P.82

そのような心の不安定さや変化が、人間関係にも影響してきます。

身長が低いってバカにされたらどうしよう……。

新しく友だちをつくれるか不安だな……。

みんなの話題についていけるかな？

髪型、おかしくないかな？

ちがう小学校の人との出会い

小学校では、転校しないかぎり、人間関係がいっきにかわるような変化はありません。しかし中学校に上がるときには、いくつかの学校に分かれて進学したり、ほかの地域の学校から入学してきたりと、最初は知らない人のほうが多いという場合もあります。

新しい出会いがある一方、小学校時代に仲のよかった友だちとはなれて、不安な思いをする人もいるかもしれません。

友だちづくりポイント

新しい環境での人間関係づくりは、だれでも緊張するものです。しかし、緊張するからといって、だれにも話しかけなかったら、関係ははじまりません。時間がたってなんとなく話しかけづらくなってしまう前に、動き出せたらいいですね。

話す内容や話し方に気をつけて、思いやりの姿勢を見せると、相手も安心して話を聞いてくれるでしょう。

話しかけるキッカケの例

「前の席の○○っていうの。よろしく！」
➡ まずは笑顔であいさつをしましょう。

「担任の先生、どんな人だろうね？」
➡ 学校に関する共通の話題なら、だれでも答えやすいでしょう。

「そのペンケース、かわいいね。何のキャラクターなの？」
➡ 相手が何に興味や関心があるのかをたずねてみましょう。たとえば、身につけているものについて聞くと、聞かれた人は「自分に興味をもってくれている」と感じるかもしれません。

話しかけるときのマナー

自分のことを一方的に話したり、相手が話を聞ける状態じゃないのに話しかけたりするなど、相手のことを思いやらなかったら、どんなに話しかけても友だちづくりはむずかしくなってしまいます。

相手に今話しかけて大丈夫か、話そうとしている内容は相手に迷惑じゃないか、思いやりの気持ちをもって話しかけましょう。

質問をしてみよう

いきなり自分のことばかりを話しつづけたら相手はびっくりしてしまうでしょう。まずは質問からはじめると会話が続きやすくなります。

とくに、「はい」か「いいえ」で答えるような質問より、「どこの小学校出身なの？」など、具体的な答え方ができる質問がよいでしょう。

第4章 中学生の人づきあい

先輩・後輩の関係ってきびしいの？

中学校で部活動に入ったら、先輩ができるんだよね。先輩ってなんだかこわそう。

へえ、もしバドミントン部に入ったら私が先輩だよ。こわい？

そういうわけじゃないけど……。もう！ちゃかさないで！

ごめん、ごめん！実際に入ってみたら、そんなにこわいものじゃないってわかるよ！

先輩と後輩の上下関係が生まれる

自分より学年が上で、中学校生活や部活動で経験を積んだ人たちを先輩といいます。1年生は入学したら、2、3年生の先輩ができ、自分たちは後輩という立場になります。

小学校では年の近い学年の上下関係を意識することは少なかったかもしれませんが、中学校では、多少の上下関係が生まれることになります。

先輩ってどんな存在？

小学校でも学年が上の児童との交流はありますが、中学校の先輩・後輩の関係とは大きく異なります。

部活動や委員会活動などでは、基本的に先輩は後輩に指示や指導をする立場になり、後輩は先輩から教えてもらい、指示に従って行動する立場になります。

先輩のことは、「〇〇先輩」とか、「〇〇さん」、とよぶことが多いよ。よび捨てや「ちゃん」、「くん」ではあまりよばないかな。

「あきちゃん」じゃなくて「あき先輩」ってよぶってことだね！なんか新鮮！

70

先輩とのコミュニケーション

先輩とは、部活動や委員会活動で関わることが多いです。とくに部活動の先輩には、その部のルールを教えてもらったり、アドバイスをもらったりすることになります。

たくさんの経験を積んでいる先輩たちとは、相手を敬う気持ちをもってコミュニケーションをとることが大切です。

あいさつしよう

あいさつは、コミュニケーションの基本です。学校内で先輩に会ったら、積極的にあいさつをしましょう。

ふだんからコミュニケーションをとっておくと、何かあったときに相談もしやすくなります。

敬語を使いこなそう

先輩と話すときには、敬語を使いましょう。敬語を使うことで、相手を大切に思っているということが伝わります。

また、社会に出て働くようになると、敬語を使う場面が多くなります。今のうちから正しい敬語を覚えておけば、役立つかもしれません。

準備や片づけを積極的におこなおう

たとえば運動部なら、先輩が練習に集中できるよう、後輩たちが積極的に部活動の準備や片づけをおこなうとよいでしょう。

また、自分たちが先輩になったときに、後輩に準備や片づけについて教えられるようになっておく必要もあります。

先輩が絶対なわけではない

先輩といっても、1、2歳しかかわらない中学生です。つねに先輩が正しいとはかぎりません。もしも、先輩の指示に疑問を感じたときには、その指示の理由を聞いてみましょう。「もっとよい方法がある」と思ったら、自分の意見を伝えることも大切です。

先輩や後輩、みんなで話し合い、楽しく、よりよい活動をおこなっていくことを目指しましょう。

> 先輩とコミュニケーションをとることで、学校生活や部活動が楽しくなるといいね！

> もし、先輩との話し合いだけでは解決しないような問題が起きたときには、先生に相談しよう。

第4章 中学生の人づきあい

中学生になるといじめがふえるの？

人間関係で一番不安なのは、いじめられないかどうかだなあ。

私も4年生のとき、いじめにあってつらかったから心配……。
中学生になったらいじめがふえたりするのかな？

必ずしもいじめがふえるわけではない

　小学校とくらべて急にいじめがふえるわけではありません。ただ、中学のうちでもとくに、1年生は環境もかわり、心も体も不安定になりやすく、いじめが起きやすいのも事実です。
　いじめがまったくなくなるわけではないため、どのようなことが起きるのかを知っておくことが大切です。

相手が苦痛を感じたらいじめになる

　そもそもどこからがいじめなのか、と思う人がいるかもしれませんが、いじめの定義は「いじめ防止対策推進法」という法律で決まっています。
　右の表はほんの一部ですが、第2条にあるように、相手が苦痛を感じていたら、それはいじめになります。いじめているつもりがなくても、相手がそれをいやだと感じていたら、いじめになります。いじめは、法律で対応することが決まっているぐらい、重大な問題なのです。

いじめ防止対策推進法（一部抜粋）

第2条　いじめとは、相手に心理的、物理的（暴力など）に影響をあたえて、受けた相手が心身の苦痛をうけるもののことをいう。

第4条　児童生徒はいじめをしてはならない。

第8条　学校はいじめの防止をし、児童生徒がいじめを受けているときは早く、正しく対応しなければならない。

（要約）

2、3年生になるとへる傾向がある

　中学生になるといじめがふえるのではないかと心配している人が多いかもしれませんが、そんなことはありません。全国の小・中学校で、1年間に学校が認識したいじめの件数を見くらべてみると、小学6年生よりも、中学1年生のほうが少しだけいじめの数がへっています。また、学年が上がるごとにへっていることもわかります。

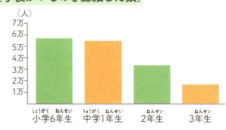

学年別いじめの認知件数
（学校がいじめを認識した数）

＊資料：文部科学省「令和5年度 児童生徒の問題行動・不登校等生徒指導上の諸課題に関する調査」をもとに作成

ふえるSNS上のいじめ

中学生になると、自分専用のスマートフォンをもつ人がふえます。そのため、SNS上で不特定多数の人に見えるよう悪口を書いたり、個人に傷つけるようなメッセージを送ったり、チャットのグループから追い出したりといった、ネット上のいじめも、ふえています。また、SNS上でのトラブルが、いじめのきっかけになる場合もあります。→P.105

いじめの内容がかわる場合もある

中学生になると、言葉のレパートリーがふえたり、体が成長して力が強くなったりするため、小学生のときよりも、いじめの内容がエスカレートする場合があります。また、おこづかいも小学生のときよりふえる人が多いため、お金をとられたり、買い物に行かされたりするようないじめが起こりやすくなります。

言葉のレパートリーがふえ、からかったり冷やかしたりするいじめがエスカレートする。

力が強くなり、暴力をふるうなどのいじめで、相手がケガをする場合も。

高額なお金を持ってくるように言われたり、無理やり買い物や用事を命令されたりする。

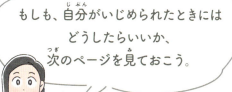

いじめがふえるわけではなくても、いじめの内容がかわっていくのは、こわいな……。

もしも、自分がいじめられたときにはどうしたらいいか、次のページを見ておこう。

もしも自分がいじめられたら

何をきっかけにいじめられるか、わからないからこわいね。

小学4年生のとき、いじめられた原因がわからなくてなやんだな。結局がまんして、おさまるのを待つだけだったけど……。どうしたらよかったんだろう？

ひとりでがまんしないで

どんな理由があっても、いじめられてもしかたがない、がまんするべきということは絶対にありません。中学生になると、暴力やお金などが関わる深刻ないじめがふえ、ひどくなると、命に関わる場合もあります。相手にやめてほしいと伝えたのにやめてくれないときには、すぐに大人に相談しましょう。

「いじめられるほうも悪い」わけない！

「いじめられている自分にも悪いところがあるのかも」、と自分をせめてしまう人がいますが、いじめは100％、いじめている側に責任があります。

きっかけがどうであっても、いじめ以外の解決方法があったはずです。また、いじめられていると知られるのがはずかしいという人もいますが、悪いのは、いじめをする側です。

まずは距離をとろう

いじめられたら、まずは相手にはっきりとやめてほしいと伝えましょう。それでもいじめが続く場合は、いじめてくる人と距離をとってください。あなたを傷つける人と無理に近くにいる必要はありません。

同じ部活などで距離がとりづらい場合には、自分から話しかけることをやめる、ほかの友だちといっしょに行動するようにするなど、できるだけ相手と関わらない環境をつくりましょう。

記録をつけよう

だれかに相談するときのために、いつ、だれに、どんなことをされたのか、記録をとっておきましょう。手紙やメール、SNSなどでいじめられたときには、証拠としてそれらを保管しておきましょう。

スクリーンショットをとっておく

できるだけ具体的に記録しておく

2024年10月25日(金)
同じクラスの○○さんと△△さん、××さんの3人に、教室で「バカ」「死ね」「学校に来るな」と言われた。

2024年10月28日(月)
同じクラスの○○さんと△△さん、××さんの3人に、下校中の帰り道で、かさでたたかれて、うでにケガをした。

信頼できる大人に相談しよう

「いじめられていることを親や先生に言ったら、もっといじめがひどくなる」「親に心配をかけたくない」といった気持ちから、大人に相談できない人が多いです。

しかし、いじめは放っておくとエスカレートしていくことが多く、なるべく早く相談することが解決への近道になります。ひとりでかかえこまないことが大切です。

相談するときの流れ

❶ 担任、養護教諭、保護者、外部の窓口

まずは、担任や、養護の先生など、身近にいる相談しやすい学校の先生に相談してみましょう。学校に来るスクールカウンセラーの相談室を利用してもよいです。それがむずかしいときには、保護者に相談して学校に伝えてもらったり、外部の相談窓口に相談したりします。外部の相談窓口は、チャットや電話などで相談でき、秘密にしてほしいことは守ってくれるので、安心して相談できます。→P.129

❷ 教育委員会や学校法人

学校に伝えても解決しなかったときは、公立学校の場合には地域の教育委員会に、私立学校の場合には学校を運営する学校法人に、保護者を通じて連絡してもらいましょう。いじめについて調べて、学校へ指示を出すなどの対応をしてくれます。

❸ 弁護士・警察

それでも解決しないときには、保護者を通じて弁護士に相談しましょう。保護者のかわりに、学校との交渉をしてくれます。学校が対応してくれなかった場合には、保護者から警察に相談してもらいましょう。そのときにも、弁護士といっしょに相談に行くとよいです。

いじめを止めたい！どうすればいい？

いじめは、自分がされるのはもちろん、人がされているのを見るのもつらいよね。

うんうん。でも、自分が何かしたら、今度は自分がいじめられるんじゃないかって不安で、今まで何もできないことが多かったな。できることはあるのかな？

見ないふりはしない

だれかがいじめられているのを知っていても、「いじめを止めようとしたら自分がいじめられるかもしれない」と思うと不安になりますね。しかし、いじめは人の命に関わるような重大な問題です。見ないふりをしてやりすごすのではなく、自分にできる範囲で、解決に向けて行動しましょう。

「大人に相談する」が基本

いじめに気づいたら、担任や養護の先生など、信頼できる大人にできるだけ早く相談しましょう。学校にはいじめを解決する決まりがあるので（→P.72）、必ず力になってくれるはずです。

できるだけ具体的にいじめの状況について説明できるとよいです。

また、「先生に相談してもいい？」などと声をかけ、本人の意思を聞くことで、友だちの支えになれるかもしれません。

いじめられている人によりそう

いじめている人に「やめなよ」と言えればよいですが、直接いじめを止める勇気が出ない人もいるでしょう。また、先生に相談したからといって、いじめがすぐになくなるとはかぎりません。

そんなときは、あいさつをしたり、話を聞いたり、いっしょに登下校したりするだけでも、いじめられている人を支えることにつながります。

自分はいじめに加わらないという態度を示すことが大切です。

味方をしてくれる人がいてよかった。私ってひとりじゃないんだ……！

たしかに、こっそり声をかけてくれたり、連絡をくれたりする人がいたら心の支えになるかも！

見て見ぬふりをするんじゃなくて、自分にできることを見つけられるといいね！

＼もっと知りたい／
いじめているつもりなんてなかったけれど……「いじり」はいじめなの？

じゃれ合いのつもりで、相手のことをばかにしたり、からかったりすることもありますよね。暴力をふるったり、わかりやすい悪口を言ったりするわけではない「いじり」も、もし相手がいやだと思っていたら、いじめです。→P.72

あの子は「いじられキャラ」だからよいということはありません。本当はやめてほしいのに、みんなが笑っているから言い出せないという場合もあります。

だれかにいやな思いをさせていないか、いやなのにがまんしていることはないか、中学校に入る前に一度ふり返ってみましょう。

77

第4章 中学生の人づきあい

スクールハラスメントから自分を守ろう！

この前、友だちが、部活の試合に負けたときに、コーチに「負けたのは練習がたりないからだ！ 今すぐ校庭を10周走れ！」ってどなられたって話してて……。

えっ、何それ。それってパワハラじゃないの？

コーチは「試合に勝つためにきたえてやってるんだ！」って言ってるらしいんだけど、なんかおかしいよね。

知っておきたいハラスメントの危険

相手に恐怖を感じさせたり、不快な気持ちにさせたりすることをハラスメントといいます。中学生になると、体や環境の変化によって、今までにはなかったような大人からのハラスメントを受けるかもしれません。ハラスメントに気がつき、対処することが大切です。

上下関係によってひき起こされる

中学生が受けるハラスメントのほとんどが、学校や塾、習い事の先生や、部活のコーチなど、身近な大人からのものです。このような大人と中学生は、指導をする側と、される側という上下関係にあります。この上下関係を利用してハラスメントをする大人がいます。

また、中学生になると成績がそのあとの進路に影響することもあるため、「成績を決める先生に逆らえない」と考えて、がまんしてしまう人がいます。本来はハラスメントにあたる行為でも、相手も自分も「これは指導の範囲内だ」と考え、ハラスメントだと気がつかないこともあります。

たとえばどんなハラスメントがあるの？

中学生が受けやすいハラスメントには、上下関係を利用して、相手を傷つけるパワーハラスメントや、性的な行為や発言で相手を不快にさせるセクシュアルハラスメントなどがあります。

パワーハラスメントの例

なぐる、けるなどの体を傷つける暴力や、暴言や悪口、無視をするなど、精神的に相手を傷つける行為のことです。

中学校の部活動は、試合で勝つことなどを目標にきびしい指導をされる場合が多く、パワーハラスメントが起こりやすい環境といえます。

宿題を忘れた生徒を一日中無視する。

給食を時間内に食べ終えられなかった生徒に、授業中も食べるように命令する。

セクシュアルハラスメントの例

必要もないのに体をさわったり、性的な言葉をかけたりなど、相手を不快にさせるような性的な行為や発言をすることです。男性から女性、女性から男性、同性どうしに対してでも起こります。中学生が性や恋愛の経験や知識が不十分であることにつけこむ場合が多いです。また、相手が望まない性的な行為は「性暴力」といって暴力に当たります。→P.99

体育の時間に、着がえているところをのぞく。

性的なメッセージや画像を送る。

いやだと言おう、そこから逃げよう

ハラスメントや暴力にあうのは、あなたが悪いからではありません。相手が上の立場であっても、いやだ、と声に出して伝えること、その場から逃げることは自分を守るために大切なことです。相手はあなたがつらいと思っていることに気づいていない場合もあります。いやなことをされたら、いやだと声にして、もし可能ならその場でできるかぎり距離をとりましょう。

すぐにほかの大人に相談しよう

ハラスメントだと感じたときは、保護者や先生、スクールカウンセラーなど、ほかの大人にすぐに相談しましょう。

ハラスメントかどうか自分で判断がつかない場合でも、不安に思うことがあれば、すぐに相談することが大切です。

まわりの大人に相談することがむずかしいときには、「子どもの人権110番」などの相談窓口へ連絡しましょう。「子供のSOSの相談窓口」（文部科学省）のサイトからは、性暴力や性犯罪について相談できる窓口もあります。→P.129

もっと知りたい
学校に行かないという選択もある

いじめやスクールハラスメントがつらいときには、自分の心と体を守ることが一番大事です。学校や部活動は必ず行かなければならないわけではありません。周りが解決してくれるまで学校を休む、部活動をやめるという選択肢もあります。ひとつの学校のひとつの場所だけが、あなたの居場所ではないのです。

教育支援センターやフリースクールに通う

もう学校にはもどりたくないと感じ、転校することもむずかしい場合には、教育支援センターや、フリースクールなどを利用しましょう。学校に行かなくても勉強をすることができます。→P.123

環境をかえることは、自分を守るために必要な行動のひとつだよ。

先輩VOICE

教育支援センターやフリースクールに通ってみてどうだった?

自分と同じようにいじめを経験した子と出会って、友だちになることができた!

家以外の安心してすごせる居場所ができた。

自分のペースで勉強ができるから、通う前よりも勉強が楽しくなった。

不登校になって、将来が不安だったけれど、無事に高校受験ができた!

80

中学生は心も体も変化する

中学生になるころ、心も体も大きな変化をむかえます。

変化があればなやみごともふえるもの。

どんな変化があって、

困ったときにどうすればよいのか、見ていきましょう。

第5章 中学生は心も体も変化する

中学生は心も体も大きくかわる時期

中学生になってから、友だちづきあいとか、将来のこととか、なんとなく不安に感じることがふえてきたかも……。

そうなんだ。どうして不安がふえるんだろう？ 中学生になると、何がかわるのかな？

多くの人がなやみをもつ思春期

思春期とは、体や心が子どもから大人へと移りかわる時期のことです。体や心にさまざまな変化が起きるため、多くの人がなやみをもつようになります。どんな変化なのか見てみましょう。

💙 体の変化が起こり、心も変化していく

思春期には、「第二次性徴」とよばれる体の変化が起こります。性ホルモンが分泌されるようになるため、男の子はがっしりとした体つきに、女の子は丸みをおびた体つきになり、それぞれの体の特徴がはっきりしてきます。

思春期における体の成長スピードはとても速く、新たな体のイメージを自分のものとして受け入れられるようになるまで、不安やとまどいを感じる人も少なくありません。

また、自分というものを意識しはじめ、少しずつ心も成長していきます。

なるほど！
不安を感じやすくなるのにも、理由があるんだね！
自分だけじゃないってわかって少し安心したかも……。

ぼくは、中学生になったら、どんななやみがふえるのか、今のうちから知っておきたいな。

82

💙 思春期の心の変化となやみ

大人に近づくにつれて、自立したいという気持ちが芽生え、自分なりの考えをもって行動したいと思うようになります。一方で、まだ保護者にあまえたいという気持ちもあります。このような心の変化や、人間関係の変化などが合わさって、心が不安定になりやすくなるのです。

心が不安定な状態では、さまざまななやみがふえます。人によって、変化やなやみごとはちがいますが、みんながどんな変化やなやみがあるのか見てみましょう。

保護者から自立したい気持ちが芽生える

自立心が芽生え、自分の思うとおりにしたいという気持ちが強くなる。そのため、周りの大人から意見を言われたり、指示されたりすると、いやな気持ちになることがある。

自分について考える時間がふえる

自分の外見や運動能力、テストの点数などについて人とくらべて、安心したり、落ちこんだりする。

友だちへの気持ちが変化する

友だちともっと仲よくなりたいと思う気持ちが強くなる一方で、ひとりの時間を大切にしたいという気持ちにもなる。

異性への気持ちが変化する

異性を意識して、気をひこうとする。または、異性をさけて距離をとるようになる。

友だちづきあいや学校生活を送るなかで自分が何をしたいのか考える機会がふえるよ。

変化を感じてとまどうこともあるけど、大人になるために必要なことなの。

83

第5章 中学生は心も体も変化する

親に毎日イライラ！反抗期のすごし方

お姉ちゃん、最近お母さんとよくケンカしてるよね。

だってなんだか口うるさいんだもん。スマホも勝手に見ようとするし。

そうなの？ 前は仲よさそうだったのに。

なんか、どう話していいかわからないんだよねー。

親子の関係がゆれ動く時期

中学生になると、多くの中学生が「反抗期」とよばれる時期を経験します。周りの大人にむやみにイライラしたり、反抗したりして、親との関係がうまくいかなくなる人もいます。少し距離を置いたり、ルールを決めたり、上手なつきあい方を見つけることが大切です。

🩵 親への気持ちがかわる

思春期になると、「親とはちがう自分」に気づきはじめ、それまで親の意見に従って決めてきたことも、一度自分で考えたいと思うようになる人もいるでしょう。

そんなときに、自分の意見を否定されたりしたら、親からはなれたいと思ってしまうかもしれません。でもそれは心が大人に向けて、成長している証拠です。そういうときは無理に今までどおりのコミュニケーションをとる必要はありません。おたがいが心地よくすごせるように、少しずつ関係性をかえていきましょう。

💙 家庭内のルールを決めよう

イライラしてしまったり、反抗したくなったりするのはしかたのないこと。でも、できるだけぶつかり合わずにすごしたいですよね。そういったときは、家庭のルールを決めるというのもひとつの方法です。自分がされていやなことと、家族がこれはやめてほしい、これだけはしてほしいと思っていることを、具体的に共有できるといいですね。

家族とコミュニケーションをとって、おたがいが納得できるルールをつくりましょう。

👉 たとえば……

親に守ってほしいルールの例
- 部屋に入るときは、必ずノックをして、返事があってからドアを開ける。

- 勝手に机の上をさわったり、ひき出しを開けたりしない。
- スマホを勝手に見ない。
- 出かけようとしたときに「彼氏（彼女）？」と聞かない。
- 体形や服装、髪型などについて、からかうようなことを言わない。

子どもに守ってほしいルールの例
- 門限を守る。おそくなるときには、早めに連絡すること。

- スマホのルールを守る。→P.113
- 学期ごとの通知表は必ず見せる。
- なやみや相談ごとがあるとき、お母さんに言いづらいことはお父さんに、お父さんに言いづらいことはお母さんに相談する（親に言いづらいことは兄弟姉妹に相談する）。

💙 ときには距離をとろう

家族だからといって、つねにいっしょにいなければならないということはありません。話すとイライラしてしまうという場合には、距離を置いてみましょう。たとえば、自分の部屋ですごす時間をふやしたり、家族より友だちとの予定をふやしたりするなどしてみましょう。

少しはなれることで、落ち着いて話せるようになることもあります。

> 親子でも、考え方や意見がちがうのは当たりまえのことだよ。正直に自分の気持ちを親に伝えて、話し合えるといいね！

第5章 中学生は心も体も変化する

体にはどんな変化があるの？

私、まだ生理が来てないから、学校で急に来たらいやだなあ。男の子はそういうなやみがなさそうだからいいよね。

でも、男も体の変化があるはずだよね？　何がかわるんだろう？

男の子と女の子の体の差

思春期には、身長がのびて体重がふえる、ニキビができやすくなる、性器が発達する、わきや性器の周りに毛が生えてくるなど、性別に関わらずさまざまな体の変化が起きます。これらは性ホルモンの分泌によるものです。それぞれ男性的な体、女性的な体へと変化していきます。

🩵 男の子の体の変化

男の子は女の子とくらべると、成長の速度がゆっくりです。体には、少しずつ筋肉がついていき、がっしりとした体つきになります。

また、体毛が濃くなったり、声変わりが起こったりします。子どもをつくれる体へと変化していく時期でもあり、初めての射精である精通を経験する人も多いです。

👉 体の変化となやみ

ニキビができる
ホルモンの働きが活発になり、皮脂がたくさん分泌されると、顔や体にニキビができやすくなる。

汗くささが気になる
皮脂の分泌が多くなり、汗も多くかくようになるため、汗に雑菌が繁殖して、においの原因になる。

男性器が大きくなる
男性ホルモンの分泌により、男性器が発達し、射精も起こるようになる。

身長がのびる
思春期から最終身長※まで、およそ30〜35cmほど身長がのびる。

声変わりする
声変わりとは、のどぼとけが出て、声が低くなること。声変わりの途中の時期には、声がかすれたり、裏返ったりすることもある。

体毛が濃くなる
わき毛やすね毛が濃くなったり、ヒゲやいん毛が生えたりする。

※それ以上身長がのびなくなったときの身長のこと。一般的に、1年間の身長増加が1cm以下となったときの身長が最終身長とされている。

86

💙 女の子の体の変化

女の子は身長がのびるのに加え、体に丸みが出るようになり、とくに胸やおしりが出るようになります。男の子ほどではないですが、体毛が濃くなったり、ニキビができやすくなったりもします。

また、小学校中学年から中学生くらいの間に、初経（初めての月経）が起こり、生理痛などになやむ人がふえます。

👉 体の変化となやみ

ニキビができる
生理前にホルモンバランスがくずれることで、顔や体にニキビができやすくなる。

胸がふくらむ
女性ホルモンの分泌がふえていくことで、乳房が発育する。

生理（月経）が起こる
女性ホルモンの分泌により、女性器が発達し、子どもをつくる準備のために、生理（月経）が起こるようになる。

身長がのびる
思春期から最終身長まで、およそ20〜25cmほど身長がのびる。

わき毛やいん毛が生える

腰まわりが丸みをおびてくる
子宮や卵巣が発達するにつれて、骨ばんが成長し、腰はばが広くなる。

\ もっと知りたい /
生理ってどうして起こるの？

女の子の体には、子宮という赤ちゃんを育てるための器官があります。子宮では、子宮内膜という赤ちゃんのためのおふとんがつくられます。赤ちゃんができなかった場合、その内膜がはがれ落ち、体の外におし出されます。これを生理といいます。生理は、基本的には、28〜30日周期で3〜7日間ほど起こります。また、多くの人が生理痛（内膜がはがれ落ちるときに感じる痛み）などの症状になやまされるようになります。

男子も女子も、体の変化のスピードや大きさ、タイミングは個人差がかなりあるよ。あまり気にしすぎないでね。

自分の体の性と、自分が認識する性「性自認」が異なることもあるよ。おかしなことではないから、心配しすぎないでね。→P.100

第5章 中学生は心も体も変化する

♡ 学校でこんなときどうする？

体が変化することで、今までは起きなかったようなトラブルや体の不調になやまされることが多くなるかもしれません。

学校で起こる可能性のあるトラブルと、その予防や対処法について知っておきましょう。

👉 男の子の場合

体育のあとに汗くさくなる

皮脂の分泌が多くなったり、汗をたくさんかくようになったりするのはしかたのないことです。汗をかいたらすぐにふく、毎日入浴する、髪を洗ったらしっかりかわかすなど、においの原因になる雑菌の繁殖をふせぐように心がけるとよいです。

合唱コンクールで声が出ない

声変わりの時期には、高い声を出しづらくなることがあります。高い声を無理に出しつづけると、のどが痛くなるため、無理をせずにのどを休ませることが大切です。
合唱をするときなどには、パートを変えてもらうなど、先生に相談しましょう。

自分の意思と関係なく勃起する

男性が勃起するのは性的な興奮をしているときだけではありません。そのため、日常のいろいろな場面で起こることがあります。
時間がたてば治りますが、はずかしい場合には、かばんや上着などでさりげなくかくすようにしましょう。

👉 女の子の場合

体育のとき胸に痛みを感じることがある

胸の成長期には、服がすれて痛みやかゆみが出たり、ボールなどが当たったときにとても痛かったりすることがあります。
できるだけ、自分の体の成長に合った下着をつけるようにしましょう。

おりもので下着が汚れた

おりものは、子宮や膣（女性器の入り口）から出る粘液で、生理がはじまる1年前ごろから出はじめることが多いです。いつ出るかわからないため、おりもの用シートを持っておくとよいです。

学校で急に生理が来た

生理用ナプキンを持っていないときや、下着や制服がよごれてしまったときには、保健室に行って、養護の先生に相談しましょう。おりものが出はじめるなど、そろそろ初めての生理が来るかもしれないという時期には、生理用ナプキンを持ち歩くと安心です。

> おりもの用のシートをつけることに慣れておくと、生理が来たときのナプキン交換の練習にもなるよ！

プールの日に生理が来た

その日の体調や経血量によって、プールに入るかどうか判断しましょう。保護者や先生に相談してもよいです。

経血量が多いとプールから出たときに経血が出てくることがあるため、量がへってから参加するとよいでしょう。

> 生理前にイライラしたり、気持ちが落ちこんだりするのは、PMS（月経前症候群）※1の症状だよ。
> 心の調子がよくないときには、無理をせずにゆっくりすごすようにしてね。

生理でイライラする

生理前や生理中には、精神的に不安定になる場合があります。イライラして友だちに八つ当たりしてしまうこともあるかもしれません。仲のよい友だちどうしであれば、生理で気持ちが不安定なことを事前に伝えておくとよいです。

※1 生理前の数日間、精神的に不安定になったり、体調が悪くなるなどの症状が現れ、生理がはじまるとともに症状が軽くなったり、消えたりする周期的な症候群のこと。

男の子らしさ、女の子らしさって決めつけない

思春期で男女の体や見た目に差が出るようになると、性別のちがいを意識しやすくなります。しかし、体の性別によって性格や好み、特技などが決まるわけではありません。そうわかっていても無意識のうちに「男だから」「女だから」と性別で判断してしまうことをジェンダーバイアス※2といいます。

たしかに、男女で力の差や得意なことが異なる場合はありますが、すべての人に当てはまるわけではありません。無意識に性別で決めつけた言動をして相手を傷つけないように意識できるといいですね。

※2 人や社会が無意識のうちに男女の役割や行動、性的マイノリティなどの人たちに対して、勝手な思いこみや偏見をもつこと。

第5章 中学生は心も体も変化する

好きな人ができたらどうする？

そういえば、中学に入ってから女の子の恋愛の話がふえたり、カップルで下校したりしている人がふえたなぁ。

やっぱりふえるんだ！ カップルって言葉にあこがれるなあ〜。マンガみたいに先輩と恋に落ちてみたい！

そもそも「好き」って何だろう？

中学生になると、恋愛の話をする人や、つきあうようになるカップルがふえてくるかもしれません。他人を意識し、人を好きになるということはとても自然なことです。だれかを好きになったら、自分でその気持ちをすなおに受け止めるようにしましょう。

♡「好き」にもいろいろある

親や兄弟など家族に対して思う好きの気持ちと、友だちに対しての好きの気持ち、異性に対する好きの気持ちなど、「好き」といっても、いろいろあります。同性を好きになることもあるでしょう。

まずは、自分がいだいている「好き」の気持ちがどんな思いなのか、相手とどんな関係になりたいのかについて考えてみましょう。

また、「好きなのかどうかわからない」「好きな人がいない」という人もいます。

考え方は人それぞれちがいます。だれに対してであっても、自分の意見をおしつけないようにすることが大切です。

年上の大人へのあこがれ

異性への恋愛感情

同性の先輩へのあこがれ

💙 だれかに恋をしたら

だれかに恋をしたら、「もっとその人のことを知りたい」「自分のことも知ってほしい」などといった気持ちから、つきあって恋人どうしになりたいと考える人が多いことでしょう。

もちろん、好きだけどつきあいたいわけではないと考える人もいます。まずは、自分の気持ちを相手に伝えたいかどうか、考えてみましょう。

👉 気持ちを伝えたいかどうか考える

好きな人とつきあいたい場合には、相手に自分の気持ちを伝える必要があります。いきなり相手に伝えに行くのではなく、何と言って伝えるか、どんなふうに伝えるかなど、伝える方法を想像してみましょう。

自分がどうしたいか考えてみて、伝えなくてもいい、伝えたくないと思ったのであれば、無理に伝える必要はありません。

👉 相手の気持ちを考えて伝える

気持ちを伝えると決めた場合、今度は相手の気持ちについて想像してみましょう。たとえば、まだ話したことがないのにいきなり気持ちを伝えたり、みんなの前で気持ちを伝えたりしたら、相手が困るかもしれません。相手に迷惑がかからないような伝え方を考えるとよいでしょう。

👉 思いどおりにいかないこともある

自分なりに考えて準備をし、相手に気持ちを伝えても、断られるかもしれません。たとえ思いどおりにいかなかったとしても、相手や自分のことをせめないようにしましょう。

思いどおりにいかないという経験は、心の成長につながるはずです。

💙 自分が告白されたら

だれかから好きと言われることもあるかもしれません。まずは、相手の気持ちを受け止めて、自分の気持ちと向き合ってみましょう。

相手を好きでも、好きでなくても、自分のすなおな気持ちと、相手とこれからどのようにすごしたいか考えて、相手に伝えられるとよいですね。

91

第5章 中学生は心も体も変化する

つきあうって何をするの？

この前、友だちが好きな子に告白して、つきあうことになったんだって！でも、親に言ったら「中学生がつきあうなんて、まだ早いんじゃないか」って心配されたらしいよ。

えっ、そうなんだ。ていうか、そもそもつきあうって実際には何をするのかなぁ？

相手を大切にして、対等な関係をきずこう

「中学生だからつきあうのは早い」ということはありません。人との関わり方を学ぶうえでも、大切な経験になることでしょう。ただ、つきあうときに知っておくとよいことや、気をつけるとよいことがいくつかあります。

🩵 楽しくつきあおう

人とつきあう経験をすると、自分自身と向き合う時間がふえて精神的に成長できたり、コミュニケーション能力が身についたりします。また、友だちどうしとはちがった経験や思い出ができることでしょう。

自分と相手の心と体を大切にし、対等で健全な関係をきずき、楽しくつきあえるとよいですね。

先輩 VOICE <u>つきあってみてよかったことは？</u>

苦手な勉強も、恋人といっしょならがんばれる！

彼氏がいつも味方でいてくれて安心感があるし、前より自信がもてるようになった。

部活の試合で負けて落ちこんでいたときに、彼女がはげましてくれて元気が出た！

💙 つきあう形にもいろいろある

つきあうことになったら、おたがいのやりたいことを確かめましょう。つきあい方は人それぞれなので、周りの人たちとちがっていても大丈夫です。キスや性行為を必ずする必要はありません。学校生活も大切にする必要があるため、両立できるように、恋人どうしでルールを決められるとよいです。

毎日、いっしょに登下校する。いっしょに登下校ができないときには、事前に相手に伝える。

つきあっていることは学校のみんなには秘密。メッセージアプリや電話で毎日1回は連絡をとる。

テスト前には、放課後や週末に図書館などでいっしょに勉強をする。

💙 別れることも多い

思春期は、ホルモンバランスの変化が起こるため、感情が不安定になりやすいです。最初はとても強い恋愛感情をいだいていたとしても、時間がたったらその気持ちが冷めてしまうこともあります。

また、クラスがえや高校受験への準備など、環境がかわることで気持ちも変化し、結果的に別れることも多いです。失恋するのは、決してめずらしいことではありません。

恋人ができたら親に伝える？

恋人ができたことを親に伝えておくと、何かトラブルなどが起きたときに相談することができるので安心です。親に伝えたら、恋人についてくわしく聞かれるかもしれませんが、答えたくないことや恋人のプライバシーに関わることなどを話す必要はありません。

また、門限を守る、勉強や部活動をおろそかにしないなどといったルールを決め、それを守るようにすると家族も安心できます。

93

第5章 中学生は心も体も変化する

好きな人とのふれあいってどうすればいいの？

好きな人とつきあったら、相手の体にさわりたいとか、キスしてみたいって思うようになるのかな？

なんだかはずかしいけど、そんな気持ちになるのかな？

つきあっていたら、自然とそうなることもあるのかも……。

おたがいの心と体を大切にしよう

つきあって親しくなったら、相手の体にさわりたい、キスや性行為（セックス）をしてみたいと思う人もいるでしょう。ただ、それらの相手にふれる行為には、さまざまな注意点やリスクがあります。相手の意思の確認や避妊、性感染症の予防など、おたがいの心と体を守るために気をつけるべきことを知っておきましょう。

♡ 大切な相手の同意

相手の体にさわるときには、相手に確認をして、「さわってもよい」という同意をとる必要があります。キスやセックスなどの性的な行為をするときにも同じで、その場合は「性的同意」を確認します。逆に相手から確認されたときは、自分の気持ちをすなおに伝えましょう。また、「さわっていい」と伝えたあとでも、実際にさわられて「いやだな」「気持ち悪いな」と思ったら、「やめて」と伝えたり、相手からはなれたりして、自分の意思を伝えましょう。

おたがいの心と体の安全を守るためには、おたがいの意思をはっきりと言葉で確認し合うことが大切なのです。

性的同意をとるときに気をつけること

- 手をつなぐ、キスをする、だきしめるなど、ひとつひとつの行為ごとに、同意をとる。
- 確認したときに、相手がだまったり、「いやだ」と言ったりしたら、その行為をしない。
- 「やっぱりいやかも」と言われたら、途中でもその行為をやめる。
- 以前におなじ行為をした相手であっても、毎回、必ず同意をとる。
- 無理やり「いいよ」と言わせたり、無理強いするような態度をとったりしない。

正しい知識を身につけておこう

性行為には、妊娠や性感染症が起こる可能性があります。

望まない行為や妊娠、性感染症は心身へのダメージが大きく、その後の生活にも影響します。

いつかそういった行為をすることになったときのために、望まない妊娠や性感染症を予防できるよう、正しい知識を身につけておきましょう。

覚えておくべき避妊の方法

性行為をすることになったけれど、妊娠を望まないという場合には必ず「避妊」をします。避妊をするための道具や薬があることを覚えておきましょう。

しかし、どの方法も妊娠する可能性がまったくないわけではありません。確実に妊娠をさけたるために、中学生の間は性行為をしないという選択についても考えてみましょう。

コンドーム

ゴムなどでできている避妊具。性行為中に男性が使用する。薬局やコンビニなどで買うことができる。性感染症の予防にもなる。

低用量ピル（経口避妊薬）

女性が毎日服用することで、排卵（赤ちゃんのもとになる細胞が出ること）をおさえる薬。産婦人科などで医師に相談して処方してもらう。

緊急避妊薬（アフターピル）

性行為前の避妊に失敗してしまったとき、性行為後72時間以内に服用することで、高い確率で妊娠をふせげる薬。16歳未満が購入するためには病院での診察が必要。

まちがった避妊の知識に気をつけよう

インターネットやSNS、マンガや動画などでは、まちがった避妊の知識がのっていることがあります。本当に信用できる情報か注意しましょう。たとえば、次のような知識はまちがいです。

終わったあと洗えば大丈夫なのか！

生理中は妊娠しない？

× 生理中でも妊娠する可能性があり、妊娠しない「安全日」というものはありません。

性行為後に膣を洗えば大丈夫？

× 性行為後にシャワーやトイレの洗浄機能などで膣をよく洗ったとしても、妊娠をふせぐことはできません。

♡ もしも妊娠がわかったときは

性行為をすれば、避妊をしていても妊娠することがあります。生理が予定日をすぎても来ない、妊娠検査薬（尿をかけて妊娠の可能性があるか確かめるキット）で陽性反応が出たなど、妊娠の可能性があると気づいたら、必ず産婦人科に行ってください。

もし、妊娠していることがわかったら、不安な気持ちをひとりでかかえこまず、性行為をした相手と話し合ったり、おたがいの保護者や家族、養護の先生など、信頼できる大人に相談しましょう。地域の専用の相談窓口（→P.129）に連絡するのでもよいです。今後自分がどうしたいかについて考えて、必要な治療や支援について調べてみましょう。

妊娠したときに考えること

産むかどうか考える
中学生の場合、骨ばんなどが成長途中なため、出産にともなうリスクが高いと考えられています。保護者や医師と相談して、どうするか決めましょう。

学校はどうする？
妊娠したからといって、学校をやめないといけないなんてことはありません。将来にも大きく影響することなので、保護者や先生と相談し、よく考えて決めましょう。

産む場合
自分たちで育てるか、ほかの人に育ててもらうかについて考えましょう。ほかの人に育ててもらうときには、「特別養子縁組」※1や「里親制度」※2などといった制度を利用することができます。

産まない場合
病院で、人工的に妊娠を終わらせる「人工妊娠中絶」をおこないます。中絶はおそくなるほど体への負担が大きくなります。
妊娠22週以降になると、中絶をおこなうことができません。

※1 なんらかの事情で子どもを育てられない生みの親にかわって、法的にも親子関係を結び、自分の子どもとして育てていく制度。
※2 育てられない親にかわって、一時的に家庭内で子どもをあずかり、養育していく制度。

💙 性感染症について知っておこう

性感染症とは、病原体やウイルスに感染した精液や膣分泌液、だ液などが、キスやセックスにより体の粘膜にふれることで、人から人にうつる感染症です。性的な行為をしない、または、コンドームを正しく使うことなどで予防できます。また、性感染症には、いろいろな種類があります。どんな症状が出るのかについて知り、少しでも不安に思ったら検査を受けましょう。

性感染症の例

HIV・エイズ
HIV は、免疫力が下がり、さまざまな病気を発症する「エイズ」になる場合がある感染症のこと。感染したら、飲み薬を服用しつづけることでエイズの発症をふせぐ。

性器クラミジア感染症
尿をするときに痛みを感じる、尿道から膿が出る、おりものがふえるなどの症状が出る場合がある。放っておくと、男女ともに不妊の原因になる。

梅毒
性器や口などに痛みのないしこりやイボのようなものができたり、手足に赤い発疹が現れたりする。放っておくと、心臓などの臓器に悪影響をあたえることもある。

りん菌感染症
男性は尿をするときに痛みが出たり、膿のようなものが出たりする。女性も膿のようなおりものが出るなどの変化があるが、男性より症状が軽く、気づきづらい。

尖圭コンジローマ
性器のまわりに、小さなとがったできものができる。放っておくと、大きくなり量も増える。悪化すると男女ともに不妊の原因になる。

性器ヘルペス・口唇ヘルペス
性器や口に、痛みのある発疹ができたり、かゆみが現れたりする。
口唇ヘルペスは、キスをしたり同じ食器を使ったりすることでうつる場合がある。

💙 性感染症かもしれないと思ったら

性感染症は、検査をして早く見つけることで、人にうつすのをふせげるかもしれません。全国の保健所で、名前を言わずに無料で検査や相談をすることができるので、自分の住んでいる地域の保健所について検索し、ホームページを確認しましょう。検査をして感染しているとわかったら、性行為をした相手にも検査を受けてもらうようにしてください。

> インターネット上には、性感染症について、まちがった情報がのっていることがあるから気をつけて！
> わからないことがあったら、保健所や病院のホームページを見たり、お医者さんや養護の先生に聞いたりしよう。

第5章 中学生は心も体も変化する

恋愛のさまざまなトラブル

そういえば、友だちに彼氏ができたんだけど、「ほかの男子と話をするな」とか言ってきて、すごくうるさいんだって。

そんなこと言われたら、相手のことを好きって思えなくなっちゃうね。

恋人とのトラブルに気をつけよう

恋人との間で何かトラブルが起きたときに、「別れたくないからがまんしよう」「恋人どうしならふつうのことなのかも」などと考えてしまうことがあるかもしれません。しかし、心や体を傷つけるような行為は、相手が恋人であってもゆるされることではありません。

♡ 恋人から暴力を受けることもある

たとえ恋人であっても、相手の希望をすべてかなえる必要はありませんし、かなえてもらえるわけでもありません。いきすぎた行為で恋人を精神的に追いつめたり、身体的に痛めつけたりするのはDV（ドメスティック・バイオレンス）です。ドメスティックは「家庭内の」、バイオレンスは「暴力」という意味で、家庭内だけでなく、恋人からの暴力についてもDVとよびます。恋人からDVを受けたと感じたら、信頼できる大人に相談しましょう。

こんなことをされたらDVかも

- ほかの友だちと連絡をとったり、遊びに行ったりすることを禁止され、学校で孤立させられる。

- 言うことを聞かなかったら、なぐられたり、大声でどなられたりする。または、「言うことを聞かないとなぐるぞ」などとおどされる。

- デートのたびに「お金を貸してほしい」と言われ、貸したら返してくれない。

💗 性的な暴力にも気をつけて

恋人であっても、相手が「いやだ」と言っているのに、性的な言葉を言う、体をさわる、ポルノ動画を見せてくるなど、性的な言葉や行動で相手を傷つけるのは性暴力です。「やめてほしい」と伝えてもやめてくれない場合には、相手と距離をおいたり、会うのをやめたりするようにしましょう。

> 性暴力の被害にあって、だれかに相談したいときには、いじめについて相談するときの手順を参考にしてみて！
> →P.75

💗 恋人どうしでも写真や動画に気をつける

許可なく恋人に性的な写真や動画を撮られた場合には、すぐに消すように伝えましょう。本人の許可なく勝手に性的な写真を撮るのも性暴力です。

また、恋人から性的な写真や動画を送るように求められても、送らないようにしましょう。別れたあとや、トラブルになったとき、拡散されてしまうことがあります。

> 下着姿でねているときに、写真を撮ってたよね？いやだから今すぐに消して。

💗 ネットでの出会いにも要注意！

SNSやネットゲームで知り合った人との恋愛にはかなり注意が必要です。ネット上ではアカウント名やチャットの内容、画像の加工などを工夫すれば、いくらでも印象をよくしたり、身元をいつわったりすることができます。トラブルになれば、不特定多数の人に個人情報や画像を拡散されることもあるかもしれません。→P.109

もっと知りたい
いろいろな性の形

　思春期には、第二次性徴によって男女の体に性の差が生まれます。体の性だけでなく、自分が認識する心の性や、自分が好きになる相手の性、自分が表現する性など、いろいろな形があります。このようないろいろな性のあり方のことを「セクシャリティ」といいます。

自分が認識する心の性

　体の性は、生まれたときの性器の見た目などによって、男性か女性かに分けられます。心の性は、「性自認（自分で自分の性をどのように認識しているか）」によってかわります。男性／女性だけでなく、どちらでもないと感じたり、「80％くらいは女性で、20％くらいは男性」と感じたりする場合もあります。そのため、生まれたときの体の性に違和感がある人と、ない人がいます。

自分が好きになる相手の性

　どんな性の人を好きになるかや、どんな性の人に性的な興味をもつかを「性的指向」といいます。自分とちがう性を好きになる人もいれば、自分と同じ性を好きになる人、性別に関係なく好きになる人、人を恋愛対象として好きになったり、性的に興味をもったりしない人など、人によってさまざまです。

自分が表現する性

　自分が表現する性「性表現」は、体の性や心の性と同じとはかぎりません。髪型や服装、言葉づかいなどで自由に表現することができます。

> ほかに男の人はこうあるべき、女の人はこうあるべきといった、社会から期待される性、ジェンダー（社会的な性）という性の形もあるよ。

第6章

スマホと
上手に
つきあおう

スマホのアプリやインターネットは

とても便利で楽しいものですが、

一歩まちがえるとたいへんなことになります。

中学生になって使う機会がふえる前に

正しい使い方を知っておきましょう。

第6章 スマホと上手につきあおう

中学生のスマホ事情

今度、入学祝いにスマホを買ってもらうんだ。学校の休み時間に、友だちとゲームをしたり、SNSをしたりするのが楽しみなんだけど、ほかにどんなことができるのかな？

やっぱり、中学生になったらスマホを買ってもらう人が多いのかな？でも、スマホって学校に持っていってもいいの？

自分のスマホをもつ人がふえる

中学に入学するタイミングに合わせて、自分のスマホをもつようになる人はたくさんいます。また、タブレットを配られる学校もあり、インターネットの利用時間がふえることが考えられます。学校内では、タブレットの使用はできても、自分のスマホの使用は禁止されていることが多いです。

📱 学校では基本的には使えない

自分のスマホは、学校内では使えません。ほとんどの中学校で、スマホの持ちこみが禁止されています。しかし、登下校中の安全を守るためといった理由から、登下校の間だけは使ってもよいというルールにしている地域や学校がふえてきています。

👉 こんなときは使ってOK！

▶ 地震などの災害が起こったときに保護者と連絡をとる。※

▶ 知らない人に話しかけられたときや、急病人がでたときなど、身の危険があるときに、保護者や学校、警察などに連絡をする。

※非常時には、電話やメールがつながりにくい場合があるので、各通信会社の災害用伝言サービスなどを使用するなど、家族で連絡方法を事前に話し合っておくとよい。

📱 スマホでできること

スマホを買ってもらったら、「スマホで何をしようかな？」とわくわくする人が多いことでしょう。スマホにはたくさんの機能があり、機能はこれからもふえつづけることが考えられます。まずは、どんなことができるのかを知って、スマホとのつきあい方を考えていきましょう。

👉 情報を気軽に得ることができる

いろいろなサイトに簡単にアクセスできるため、たくさんの情報を気軽に得ることができます。ただし、デマやまちがった情報の場合もあるため、信頼できる情報かどうかを判断する必要があります。

👉 友だちと簡単にやりとりができる

コミュニケーションアプリや、メッセージアプリで、友だちや家族と簡単に連絡をとることができます。また、同じSNSを使っている人どうしで送ることができる、ダイレクトメッセージ（DM）も便利な機能です。

👉 SNSで交流できる

ほかの人の投稿を見ることができ、コメント機能などで自分の感想を送ることもできます。同じ趣味をもった仲間ができたり、いろいろな意見の人たちと出会えたりするきっかけになります。

信頼できる情報かどうかをチェックするようにしよう。

学校から支給されたタブレットのルール

日本では、政府の「GIGAスクール構想」により、ひとり1台、タブレットが支給される学校がふえています。

ルールは、「授業や宿題をおこなうとき以外には使わない」「朝6時から夜9時までの使用とする」など地域や学校によってちがいます。また、多くの学校では、有害なサイトへのアクセスをふせぐためのフィルタリングが設定されています。

第6章 スマホと上手につきあおう

スマホの利用で起こるトラブル ①
SNSやメッセージアプリの利用

そういえば、SNSでつながっている友だちの投稿が炎上したことがあるんだよね……。
SNSをするときは気をつけないといけないよね。

そうなんだ。どんなことに気をつけたらいいのかな？

トラブルはだれにでも起こるもの

アプリには、自分の意見や考え、写真や動画などを投稿できるアプリ、友だちや家族とやりとりできるアプリなど、たくさんの種類があります。アプリの種類やそのときの状況によって、トラブルの種類もさまざまです。どのようなトラブルが起こるのかについて見ていきましょう。

📱 たくさんの人に見られる

SNSに投稿すると、世界中の人たちに見られる可能性があります。たとえば、悪口を投稿したり、ほかの人が投稿した悪口を拡散したり、いいね[※1]をつけることは、相手を傷つけ、精神的に追いつめることにつながるかもしれません。軽い気持ちで投稿や拡散をしないことが、トラブルをふせぐ方法のひとつです。

SNSの特徴
▶ 世界中の人に発信できる。
▶ 一度拡散しただけでも、目にする人の数がとてもふえる。
▶ 投稿を消しても、ネット上に残りつづける。

👉 友だちに悪ふざけで送った投稿

山田がテストで10点だったらしい。頭悪すぎ

拡散されて……

大炎上[※2]

山田のアカウント見つけたwww↓
@yamada○△□

山田と同じクラスなんだが、よく平気な顔でいられるな。

こんな点数をとるなんて、先生は何を教えているんだ？

※1 高評価のこと。アプリによって、likeや、高評価ボタンなどいろいろなよび方がある。

※2 炎上とは、投稿内容などに批判や非難が集まり、収拾がつかなくなること。

104

📱 トラブルはさまざま

アプリの種類や相手との関係性などによって、いろいろなトラブルが起こる可能性があります。トラブルの事例を知って、トラブルをふせぐ方法について考えてみましょう。

> どんなに気をつけていても、いじめやトラブルが起こることはあるよ。自分をせめないで、信頼できる大人に相談しよう。

👉 グループチャットで仲間はずれに

自分だけをはずしたグループがつくられたり、自分のメッセージだけが無視されたりするような、いじめが起こることがあります。いじめのきっかけをつくらないためにできることを知っておきましょう。

いじめのきっかけになるかもしれない行動
▶ 既読無視をする。
▶ 悪口や誤解が生じるようなメッセージを送る。
▶ 友だちがメッセージの内容を誤解していると気づいても、連絡せずに放っておく。
▶ 問題が起こったときに、SNS上だけで解決しようとする。

👉 写真の投稿で個人情報の流出

自分の部屋で撮った写真を投稿した場合、窓から外の様子が見えると、家の場所を特定されてしまいます。また、制服姿の写真を投稿すれば、学校で待ちぶせされるような事件に巻きこまれる可能性があります。個人情報をネットに投稿しないよう、注意が必要です。

ABCタワーが写っているから、ここは岩崎町だな。家の場所特定した。

ゆき: 雪がふっててきれいー！

👉 ふざけて悪口を投稿したら……

友だちの悪口をふざけて投稿したら、クラスメイトの人たちに拡散されて、次つぎと悪口が投稿されてしまうといったトラブルが起こることがあります。悪口を投稿された友だちは、学校に行きづらくなり、不登校になってしまうケースもあります。悪口は投稿しないようにしましょう。

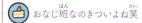

田中ってなんかダサくね？
わかるwwww
おなじ班なのきついよね笑
わかる、よくわかんないけどなんかダサいんだよねwww

👉 推しの写真を投稿したら……

人気アイドルを町で見かけて、本人の許可なく撮影した写真を勝手に投稿すれば、肖像権の侵害に当たります。肖像権とは、個人の名前や、姿を撮影した写真（肖像）などを勝手に公開されないようにするための権利のことです。

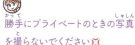

町でアイドルのリコ見かけた!!

勝手にプライベートのときの写真を撮らないでください

スマホの利用で起こるトラブル ②
スマホ依存

ふゆは、スマホを買ってもらったらゲームがしたいんだよね？1日のゲーム時間やスマホの利用時間を決めないと、やりすぎちゃうから、気をつけたほうがいいよ。

勉強の息ぬきに遊ぶだけだから大丈夫だよ。

最初はそう思っていても、スマホってついつい使いすぎちゃうものなの！

ネットやゲームに依存する

スマホがあると、手軽に動画やSNSを見たり、ゲームや調べものをしたりすることができます。そして、つねに情報が更新され、あきることがないため、「少しだけ」と思っていても、ついついスマホを使いすぎて、ネットやゲームに依存していってしまうのです。

📱 どうしてスマホにハマるの？

SNSで「いいね！」「すごい！」とほめられたり、スマホゲームで高スコアを出せたりしたときには、快感を得られます。その快感は、つらい気持ちや不安をやわらげてくれます。

そのため、「もっとほめられたい」「不安な気持ちをまぎらわせたい」といった思いから、スマホにハマっていくのです。

動画の視聴

15秒から3分程度のショート動画は、1本見はじめたらやめられなくなり、気づいたら何時間も見ていたといったことが起こりやすいです。また、自分がよく見る動画と似た内容の動画が「おすすめ」として表示される機能があるのも、動画を見つづけてしまう原因のひとつです。

👆 SNSやコミュニケーションアプリ

投稿を見逃したくない、メッセージが来たらすぐに返信したい、といった気持ちから、数分おきに何度もアプリを開くようになり、スマホを手放せない状態になっていく場合があります。

👆 スマホゲーム

スマホでできるオンラインゲームは、無料ではじめられたり、最初のステージは難易度が簡単になっていたりするため、気軽に遊べます。また、ゲームの内容が更新されていき終わりがないため、やりつづけてしまい、依存する危険性が高いです。

👆 ネットサーフィン

いろいろなサイトに次つぎとアクセスしていくことをネットサーフィンといいます。「流行におくれたくない」といった気持ちから、時間を忘れてサイトを見つづけてしまうのです。

📱 心と体への影響

スマホを使いすぎると、感情のコントロールがむずかしくなったり、やる気が出なくなったりする場合があります。

体への影響もあり、放っておくと、「スマホ依存（ゲーム行動）症」という病気になって、学校生活を送ることがむずかしくなります。また、その治療には時間がかかるといわれています。

👆 勉強に集中できなくなる

スマホにハマってしまい、勉強をする時間がへると、成績が落ちるかもしれません。また、スマホの使いすぎで脳がつかれると、思考力や記憶力が低下し、勉強へのやる気も失われていきます。

👆 睡眠不足や昼夜逆転

ねる前に長時間スマホを使うと、眠気を起こす物質が脳でつくられにくくなり、寝不足になります。朝起きることがむずかしくなれば、学校に遅刻したり休んだりすることが続き、昼夜逆転の生活になる危険があります。

👆 目や耳が悪くなる

長時間、スマホの画面を見つづけると、目がつかれて視力の低下につながります。また、イヤホンを使って大音量で長時間、音楽を聞いたりゲームをしたりすると、耳に負担がかかり、聴力も低下しやすくなります。

第6章 スマホと上手につきあおう

アプリでのコミュニケーションのルールとマナー

スマホを使うようになると、トラブルが起こったり、スマホに依存する危険があったりするんだね。

スマホと上手につきあうには、どんなことに気をつければいいのかな?

楽しくアプリを使いこなそう！

SNSやメッセージアプリを使うときには、相手の表情が見えなかったり、文字だけで伝えないといけなかったりする場面が多いです。実際に会ってコミュニケーションをとるときよりも、思いやりをもって、ルールとマナーを守ることを意識しましょう。

📱 相手を傷つけないよう意識する

短い文章で早く返事をしようとすると、言葉が足りず、誤解をまねく場合があります。

また、スマホゲームに夢中になると、通話やチャットなどで、ふだんは言わないような乱暴な言葉づかいをしてしまうこともあるので、気をつけましょう。

送信前にチェックしよう！
- ☐ 相手が傷つくような内容になっていないか。
- ☐ 乱暴な言葉づかいになっていないか。
- ☐ 句読点や「?」「!」の有無や、入れる位置によって、誤解をうむ文章になっていないか。
- ☐ スタンプだけで言葉足らずになっていないか。

悪口や暴言は言わない

悪いことをした人に対してだとしても、悪口や暴言は書いたり、言ったりしないようにしましょう。トラブルに発展するかもしれません。

また、対面のときには冗談だと伝わるようなことも、顔が見えないときにはちがうとらえ方をされることもあります。

スタンプだけで伝えようとしない

スタンプのみで伝えようとすると、伝えたいことが伝わらないこともあります。

相手がどう思うかを想像しながら、自分の気持ちをわかりやすく伝える方法を考えてみましょう。

108

📱 やりとりでのマナー

アプリでやりとりをするときには、おたがいに無理のないように、ルールを決めておくと、誤解やトラブルをふせぐことができます。

ルールの例

- ▶ 既読無視ではなく返信できないときは「今は返信できない」と伝える。
- ▶ やりとりできる日や時間を共有する。
- ▶ メッセージを相手の許可なく、他人に見せない。
- ▶ 相手の投稿をむやみに拡散しない。
- ▶ 何か問題が起きたら、直接会って話し合う。

📱 恋人とのやりとりで気をつけること

恋人に「水着やはだかの写真を送ってほしい」と言われても送らないようにしましょう。ケンカしたときや別れたあとに、写真をネット上に拡散するようなリベンジポルノの被害にあう可能性がゼロではありません。

恋人だからといって、自分の気持ちをおしつけることがないよう、おたがいに気をつけましょう。

📱 SNSで知りあった人にはなるべく会わない

基本的には、SNSで知りあった人とは会わないようにしましょう。どうしても会いたい場合には、保護者に相談し、会う前にビデオ通話など顔が見える状態で連絡がとれると安心です。当日は、イベント会場やカフェなど、人目のあるところで会い、絶対にひとりでついていったり、相手の車に乗ったりしないでください。

また、何かなやみなどがあるけれど、保護者に相談ができない場合に、ネットで知りあった人に相談したくなるかもしれません。しかし、相談に乗ると言って近づいてくる人のなかには、犯罪をしようとしている人がいます。ネットで知りあった人ではなく、担任の先生やスクールカウンセラーなど、信頼できる大人に相談しましょう。

第6章 スマホと上手につきあおう

SNSに投稿するときの ルールとマナー

友だちとのやりとりについてわかったからこれでもう安心だね！今度友だちと、「はやりの曲を歌ってみた！」っていう動画を投稿する約束をしているから、楽しみだな〜。

ちょっと待って！ アーティストの曲を演奏した動画を投稿するときは、許可が必要って聞いたことがあるよ。

自分の投稿に責任をもとう

SNSは、大勢の人が見る可能性があることを意識して、よく内容を確認してから投稿しましょう。当然、悪口やうそを投稿してはいけません。また、自分でも気がつかないうちに、だれかを傷つけたり、法律に違反したりしてしまうことがあるため、気をつけましょう。

📱 自分の個人情報をもらさない

自分の名前と顔、家の場所や学校名などの個人情報を投稿してしまうと、犯罪に巻きこまれる可能性があります。リアルタイムでの投稿で、自分が今いる場所を伝えたり、家を留守にしていることがわかるような内容を投稿したりするのも危険です。

📱 ほかの人の個人情報ももらさない

ほかの人に知られたくない情報や、私生活をほかの人にじゃまされない自由を「プライバシー」といいます。本人がまわりに秘密にしている情報や、本人の許可を得ずに写真や動画を投稿するとプライバシーを侵害することになるので、してはいけません。場合によっては罪に問われることもあります。

プライバシーの侵害の例
▶「Aちゃん体重○Xkgだって！スタイルよくてうらやましいー」
▶「みんな見て！ スーパーでB先生が彼女とデートしてた！ かくし撮りしたよ！」

📱 悪口や信用を落とす行為をしない

SNSで、悪口や誹謗中傷を投稿・拡散すれば、罪に問われる可能性があります。匿名で投稿しても、アカウントは特定されます。特定の人を傷つける内容を投稿すれば「侮辱罪」、特定の人の信用を落とすような内容は「名誉毀損罪」などの犯罪にあたります。

また、公共の場でのマナーに反する行為を投稿すれば、当然炎上します。自分たちが楽しくても、それがだれかの迷惑にならないか、はずかしいことではないかをよく考えましょう。

投稿がきっかけで相手に迷惑がかかれば、損害賠償を求められることもあります。そして、将来の進路にも大きく影響します。

投稿を消しても、だれかがスクショなどで保存して拡散しちゃうかも。一度投稿したものは永遠にネット上に残ると思ってね。

📱 他人の写真や作品を勝手に投稿しない

たとえば、webマンガのページを撮影し、勝手に投稿することは、著作権の侵害にあたるため、やってはいけません。音楽の場合は、学校内だけで、お金もうけを目的とせずに演奏する場合であれば、許可は必要ありません。しかし、その様子を動画に撮影して投稿する場合には、許可が必要です。

正しい投稿のしかた

著作権者から許可を得る

マンガや書籍は出版社、SNSに投稿された画像は投稿した人、テレビ番組はテレビ局へ連絡をして、SNSで投稿してもよいか、投稿するときの条件などを確認します。音源の場合は、JASRACという団体が管理していることが多いため、JASRACへ連絡をしましょう。

クレジットを入れて投稿する

許可を得ることができたら、作品名、作者名、出版社やテレビ局の名前などを書き、許可を得たことについても書いてから、投稿しましょう。

👉 著作権侵害にあたる例

マンガの中身、他人が投稿した写真やイラスト、テレビ番組の写真や映像などを勝手に投稿する。

CDに収録されている曲や、配信されている曲の音源を勝手に投稿する。また、それらの音源を使用した動画を勝手に投稿する。

スマホを使うときの ルールをつくろう

スマホを使うときには、気をつけないといけないことがたくさんあるんだね。

私がスマホを買ってもらったときは、親といっしょにルールを決めて、ルール表をつくったよ！

ルールを決めてスマホと上手につきあおう

スマホを使いはじめるときは、保護者と話し合って必ずルールを決めましょう。どんなときにスマホが必要なのかについて考えて、自分が守れるルールにすることや、自分が納得できる内容にすることが大切です。

📱 ルール表をつくり、更新する

ルールを決めたら、ルール表にまとめ、いつでも確認できるようにするとよいでしょう。塾に通うようになったなど、環境がかわれば、スマホの使い方もかえる必要があります。保護者と相談して、ルール表を更新しましょう。

☞ ❶ 使用時間

曜日ごとに使用時間を決めましょう。睡眠時間や勉強の時間をへらさない、テスト前は使用時間を短くするなど、自分の健康や学校生活を優先させることを基準に考えます。

☞ ❷ 使用する場所

基本的にはリビングで使用し、自分の部屋やトイレ、浴室には持ちこまないようにしましょう。使う場所を決めることで、スマホの使いすぎをふせぐことができます。

☞ ❸ 友だちとのやりとり

知らない人に見られて困る内容のものは、おたがいに送らないなど、トラブルをふせぐためのルールを決めて、友だちどうしで共有するとよいです。

すぐに返信できないときはこのスタンプを送るね！

❹ SNSへの投稿

自分や友だちの個人情報を投稿しないなど、犯罪に巻きこまれないようにするためのルールを決めておきましょう。

❺ 使うアプリ

使用するアプリをルール表に書きこめるようにしましょう。新しくアプリをインストールするときは、必ず保護者に相談してからにします。

❻ お金がかかるとき

お金がかかるときや、有料のアイテムがほしいときには、必ず保護者に相談しましょう。「月にいくらまで使ってもよい」といった上限を決めておくのも大切です。

ルール表の記入例

スマホのルール表

■ 使用時間について
- ☑ 一日の使用時間は __2__ 時間まで。
- ☑ 使用してよい時間帯は曜日ごとに決めた時間を守る。

月	火	水	木	金	土	日
夜8時まで	夜10時まで（塾の日）	夜8時まで	夜10時まで（塾の日）	夜8時まで	夜8時まで	夜8時まで

■ 使用する場所について
- ☑ 使用してよい場所は __リビング__ 。
- ☑ 食事中はさわらない、浴室やトイレに持ちこまない。
- ☑ ねるときは、__リビング__ に置いておく。

■ SNS利用について
- ☑ 悪口や、うわさ話、うその内容を投稿しない。
- ☑ 自分や家族、友だちの個人情報を投稿しない。
- ☑ SNSで知りあった人と会いたいときには、必ず保護者に相談する。

■ 使用するアプリについて
- ☑ 下記のアプリは使用してよい。
  （ LINE、YouTube、○○ゲーム ）
- ☑ 新しくインストールするときは、必ず保護者に相談する。

■ お金について
- ☑ 有料アプリのインストールやアプリ内でお金を使いたいときには、保護者に相談する。
- ☑ 相談したうえで、使ってもよいのは、月に __1000__ 円まで。

保護者のサイン ＿＿＿＿＿　本人のサイン ＿＿＿＿＿　　20××年 4月 1日

不正アプリや違法サイトにも注意！

ダウンロードした人の個人情報をぬすむような「不正アプリ」や、作者の許可なく作品を無料で公開しているような「違法サイト」などは、利用しないように注意しましょう。

たとえば、違法と知りながら、他人の作品をダウンロードした場合には、著作権の侵害にあたります。必ず、安全なアプリや公式サイトを利用するようにしましょう。

たとえば……
エルマーク※をチェック！

※音楽や映画などの作品を配信するコンテンツを正しく利用するためのマーク。サイトの下のほうに、このマークが表示されていれば、安心して利用できる。

もっと知りたい
ネットの情報には注意が必要

ネットにはたくさんの情報があり、正しい内容かどうかを自分で判断する必要があります。まちがった情報を拡散することがないように、チェックすべきことについて知っておきましょう。

信頼できる記事かチェック！

ニュース記事などをネットで見るときは、発信している人がだれなのか、どこから得た情報なのかについて、調べましょう。少しでもあやしいと感じたり、正確な情報かどうかの判断がつかなかったりした場合は、その情報を拡散しないようにしましょう。

拡散する前に、一度、冷静になって、記事を読み返してみることも大切だね！

❶ 発信元を確認
記事を書いた人について、名前や、どこに所属している人なのかを確認し、その人のほかの記事や、所属している会社や団体について調べてみましょう。

❷ ほかのサイトを確認
ほかのサイトも確認し、同じ内容について、どのように書いてあるか見てみましょう。いくつかのサイトを見くらべる習慣をつけるとよいです。

❸ ネット以外の資料も確認
本や新聞など、ネット以外の方法で、内容が正しいかどうか、確かめましょう。

投稿内容をチェック！

注目されたいといった気持ちなどから、デマを流す人がいます。デマが広まると、必要な人に正しい情報が届かなくなったり、混乱をまねいたりすることにつながります。デマだと気づかずに拡散してしまうことがないよう、投稿内容をチェックする習慣をつけましょう。

判断がむずかしいときは、家族や友だちに意見を聞くといいかも！

❶ 言葉づかいを確認
注目させるために、大げさな言い方や、不安をあおるような言葉づかいをしていることが多いです。また、すぐに拡散するようによびかける内容のものにも注意しましょう。

❷ 画像が加工されていないか確認
画像や動画がついているからといって、信頼できる投稿、というわけではありません。加工されていたり、AIでつくられた画像であったりする可能性があります。まずは一度、疑ってみることが大切です。

114

よりよい中学生生活を送るために

自分の生活を自分で管理したり、
ときには適切な相手に助けを求めたりすることは
大人になるときに必要なことです。
中学生生活との向き合い方、
中学生の味方になってくれる
人たちを知っておきましょう。

第7章 よりよい中学生生活を送るために

生活習慣を見直そう

中学生って部活があったり、勉強する時間がふえたり、やることが多いね。

遊ぶ時間もほしいし、夜ふかしすることがふえそうだなぁ。

中学生はいそがしい

中学校では授業時間がふえ、部活動もあるため、下校時間がおそくなります。帰宅してからゲームをしたり、SNSで友だちとやりとりしたりしていると、ねる時間がおそくなりがちです。うまく時間のやりくりをできるように気をつけましょう。

☆ 生活リズムが乱れるとどうなるの？

中学生になると、大人に近づいた気がして、少しくらいおそくまで起きていても平気だと思うかもしれません。
しかし、睡眠時間が短くなると、朝起きられず学校に遅刻しがちになったり、授業に集中できなかったりと、学校生活に問題がでてきてしまいます。
また、体が大きく変化する中学生の時期に生活リズムが乱れると、体調をくずしやすくなってしまいます。

☆ 食事はぬかないで

やることがふえ、夜おそくまで起きていると、朝早く起きられず、ごはんを食べないで学校に行くことになるかもしれません。また、これから思春期に入って体が変化すると、ほかの人と自分の体形をくらべるようになり、「やせたい」と思う機会がふえるかもしれません。
しかし、体が成長するこの時期に食事をぬくと、身長ののびが止まったり、病気になりやすい体になったりしてしまいます。1日3食、決まった時間に食事をとることが大切です。

116

⭐ 時間の使い方を考えてみよう

1日のうちで、学校や塾に行っている時間、宿題をしている時間、食事、入浴にかかる時間はどれくらいあるかふりかえってみましょう。毎日十分な睡眠時間をとると、自由な時間はどれくらいあるでしょうか？ 平日は好きなことが十分にできない場合は、休みの日の楽しみにとっておきましょう。

👉 平日の時間の使い方（塾のある日）

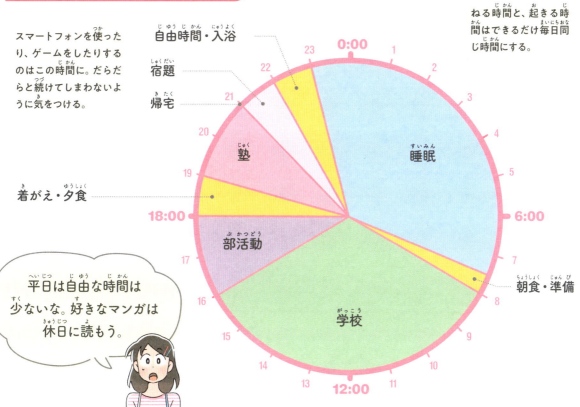

スマートフォンを使ったり、ゲームをしたりするのはこの時間に。だらだらと続けてしまわないように気をつける。

ねる時間と、起きる時間はできるだけ毎日同じ時間にする。

平日は自由な時間は少ないな。好きなマンガは休日に読もう。

生活習慣に気をつけているのに起きられない人は？

　生活習慣に気をつけているのに、どうしても朝起きられなくてつらいという人は、「起立性調節障害」かもしれません。
　起立性調節障害は、朝、体を起こすときに、上半身や脳に血液がうまく流れず、起き上がれなかったり、立ちくらみやめまいが起きたりする病気です。

　起立性調節障害の原因は生まれもった体質やストレスなど、さまざまです。がんばっても起きられないことが続くときは、早めに病院に相談してみましょう。

117

第7章 よりよい中学生生活を送るために

お金とのつきあい方

中学生になったらおこづかいをアップしてもらうんだ！

いいね、何に使うの？

友だちとハンバーガー食べに行って、ゲームに使って、マンガを買って……あれ、足りるかな？

おこづかいの管理は大人への一歩

おこづかいをもらっている人は、貯金や自由に使うお金をきちんと管理できていますか？ お金とのつきあい方は大人になる前に身につけておきたいことのひとつです。中学生になるのをきっかけに、お金の管理のしかたを見直してみましょう。

☆ おこづかいの金額は人それぞれ

中学生のおこづかいの金額を調べた調査では、月1000円未満〜5000円以上まで、人によってかなり金額の差があることがわかっています。中学生になると遊びに行くときにお金を使うこともふえるかもしれませんが、自由に使える金額に差があることも考えて計画を立てるようにしましょう。

中学1年生の1か月のおこづかいの金額は？

| 1000円未満 | 1000〜2000円未満 | 2000〜3000円未満 | 3000〜4000円未満 | 4000〜5000円未満 | 5000円以上 | なし |

資料：金融広報中央委員会「第3回子どものくらしとお金に関する調査（2015年度）」をもとに作成

☆ おこづかい以外にもかかる費用

遊びや趣味のためにもっとおこづかいがほしい、と思う人もいますよね。でも、保護者が自分のために使ってくれているお金を考えたことはありますか？

スマホの通信費や習い事の費用など、生活のさまざまなことにお金はかかります。そのうえでおこづかいをもらっていることに感謝し、一度今のおこづかいの金額で自分で工夫できることがないか、見直してみましょう。

☆ 自分のお金を記録して管理しよう

もらったお金と使ったお金、残りのお金を記録していきましょう。おこづかい帳のほか、スマホでレシートの写真を撮るだけで、使った金額が記録されるアプリもあります。

おこづかい帳をつけるといいこと
- ☐ お金の使い道をふり返ることができる
- ☐ 目標のために貯金をすることができる
- ☐ お金を計画的に使うことができる

おこづかい帳

使った日	使い道	収入	支出	残高
先月からのくりこし				3500円
9月1日	おこづかい	1500円		5000円
9月5日	ジュース		120円	4880円
9月10日	おかし		300円	4580円
9月19日	おかし		250円	4330円
9月25日	友だちへの誕生日プレゼント		500円	

合計3830円

ほしいゲームソフトを買うのに、あと2000円くらい貯金しなきゃ。おかしを買う回数をへらそう。

☆ お金を使うときの注意点

お金を使うときは次のようなことを注意しましょう。

👉 貸し借りはしない

人にお金を借りたり、貸したりするのはやめましょう。お金を返せない、返してもらえないことで、大切な友だちとの関係がこじれてしまうこともあります。

👉 電子マネーは残高を確認

カードやスマホをレジにかざして支払いできる電子マネーは、お金を使っている実感がうすく、使いすぎてしまうことがあります。心配な人は現金だけを使うようにしましょう。

👉 ネットショッピングに注意

ネットショッピングでは、品物が届かない、入力した住所やクレジットカード番号などの個人情報をぬすまれ、悪用されるなどのトラブルに巻きこまれることがあります。安心して利用できるサイトなのか、保護者とよく確認してから利用するようにしましょう。

第7章 よりよい中学生生活を送るために

もしも、学校がつらくなったら

> 友だちできるかな……。勉強ついていけるかな……。学校がいやになったらどうしよう。

> 私にも学校がつらいときはあるよ。私はときどき休むことも大切にしてるんだ。

変化がいっぱいの中学校はつかれることも

中学校では、たくさんのことを学び、経験することができます。一方で、小学校から大きく環境がかわり、学校がつらいと感じることもあるかもしれません。それは決して、めずらしいことではありません。

☆ じつは多い中学生の「不登校」

学校を長期間休んでいる「不登校」の子は、中学生になると急増し、2022年度にはその数は全国で19万人にものぼっていました。

中学校では、勉強がむずかしくなり、小学校のころと友だちづきあいがかわることなどが背景にあると考えられます。また、成長していくなかで、集団ですごすのがつらくなる時期でもあります。

不登校の子どもの数のうつりかわり

中学生になると不登校の子どもの数は、小学生の2倍ほどにふえます。その数は、毎年ふえつづけています。

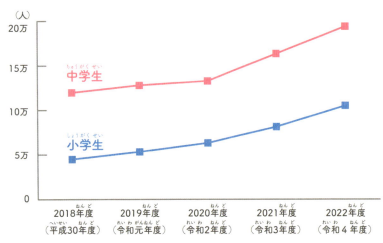

資料：文部科学省「令和4年度児童生徒の問題行動・不登校等生徒指導上の諸課題に関する調査結果」をもとに作成

> 不登校はめずらしいことじゃないんだね。

☆ きっかけや理由はさまざま

不登校や学校に行きにくくなるきっかけは人によってそれぞれです。友だちや先生などの人間関係、体調不良、勉強がわからないからなど、はっきりした理由もあれば、なんとなく行きたくない、自分でもわからないといったこともあります。「こんな理由で行けないなんておかしい」ということはありません。

制服を着ようとするとなぜかお腹が痛くなるな……。

☆ 休んでも支えてくれるしくみがある

心や体がつかれてしまっているとき、頭では行こうと思っているのに行けないときには休むこともひとつの方法です。数日休んだら元気になってまた学校に行けるかもしれません。もし、それでも行けず、長期間休んで不登校になったり、学校を休みがちになったとしても、学校への復帰や学習がおくれないようサポートしてくれるしくみはたくさんあります。学校を休んだからといって、見捨てられるということは絶対にありません。

👉 学校による支援の例

不登校の原因への対処

学校に行けない理由が、学校の環境にある場合、学校はその原因ができるだけなくなるよう努力してくれます。たとえば、クラスでの人間関係が原因の場合にはクラスがえの際に別のクラスにしたり、学区外のほかの学校や、学びの多様化学校への転校を認めるなどの支援をしてくれます。

スクールカウンセラー、スクールソーシャルワーカーによる支援

各学校には、スクールカウンセラーやスクールソーシャルワーカーが定期的に来てくれます。→P.128

サポートしてくれる機関の紹介、連携

学校は、支援してくれるほかの機関を紹介してくれたり、それらの機関と連携して、学校に行っていなくても出席扱いにしてもらえることもあります。→P.122

別室登校

学校には行けるけど教室に入れない、というときは、保健室や相談室など学校内の別の場所に登校することができます。

学びの多様化学校って何?

不登校になった生徒が転入することができる学校です。不登校になった生徒のための学校なので、手厚い支援が受けられます。授業のカリキュラムなども普通の学校とはちがい、一度不登校になった生徒でも安心して通える工夫がされています。

もし学校に行けなくなっても、サポートをしてもらえるんだ!

第7章 よりよい中学生生活を送るために

中学校以外にも学べる場所がある

もし中学校に行けなくなったら、どうなるの？ 勉強がわからないし、大人になってから困っちゃう？

ずーっと勉強をしないと困るけど、中学校じゃなくても勉強はできるから大丈夫だよ！

えっ、中学校じゃなくても学校の勉強ができるんだ！

自分に合った学び方を見つけよう

中学校はどうしても合わないという人は、ほかの場所で自分に合う方法で学ぶこともできます。学校以外の場所で学んで、高校へ進学したり、ほかにやりたいことを見つけたりすることもできます。

☆ 中学校だけが学びの場じゃない

中学校は義務教育の一部ですが、ここでいう義務は、「だれでも教育を受けられるように努力しなければならない」という国や保護者の義務です。

日本では少し前まで、「教育は学校で受けるもの」という考えが広がっていましたが、今では、学校以外の場所で学ぶことも認められるようになってきています。

もし、つらくて中学校に通えないときは、現在の学校に在籍しながら、右のページのような場所で学ぶこともできます。こうした場所に通ってみたいと思ったら、まず家の人に相談して、見学に行ってみましょう。そして、学校以外の場で勉強することを決めた場合は、中学校の先生にそのことを伝えましょう。教育支援センターやフリースクールに通った日が中学校の登校日として認められる場合もあります。

学校以外の場所で勉強しても出席していることになる場合があるんだね！

学校じゃない場所での勉強が気になるな。

ここに見学に行ってみようか。

122

☆ 学ぶ場所はいろいろ

学校以外の学びの場には大きく分けて、市区町村の教育委員会が運営している「教育支援センター」と、さまざまな団体、組織が運営している「フリースクール」があります。

教育支援センターの場所や入所の手続き方法は市区町村の役所のウェブサイトなどで調べることができます。

フリースクールは各地に、さまざまな活動をしているところがあるので、インターネットで調べたり、スクールソーシャルワーカー（→P.128）などの専門家にどんなところがあるか聞いたりするとよいでしょう。

どちらも中学校に在籍しながら、通うことができます。ふだんは教育支援センターやフリースクールに通い、行けるときだけ学校に行くという方法もあります。

🖐 教育支援センター

市区町村の教育委員会が運営していて、通った日は中学校の出席日数として認められます。個別に分けられた席や、少人数のグループで、中学校の教科書にそった授業を受けることができます。在籍している中学校と協力しながら、高校進学のための受験指導もしてもらえます。

🖐 フリースクール

民間の団体によって運営されている学校で、生徒の主体性を大切にしたものが多くあります。学年に関わりなく、農業や工作、ボランティア、イベントの運営など、体験型の学びをすることが多くなっています。在籍している中学校が認めた場合には、フリースクールに出席した日も中学校の出席日数としてあつかわれます。

💬 目指す目的と合っているか、通いやすいか、実際の雰囲気やスタッフの印象などを知るために、まずは見学に行ってみてね。

フリースクールの主な種類

❶ 学校復帰を支援するタイプ
生活リズムを改善し、学習面の支援と学校での適応力を育み学校への復帰を目指す。

❷ 子どもの意思を尊重するタイプ
子どもの意思を尊重し、子どもが興味がある分野をのばす。

❸ 体験型タイプ
さまざまな自然体験や集団での取り組みを通して、生活リズムの改善やコミュニケーション能力を養う。

❹ 医療機関連携タイプ
発達障害や学習障害などの子どもたちを、臨床心理士などの専門家が、学習面などをふくめて支援してくれる。

❺ 専門スキル習得タイプ
基礎的な学習をおこないつつ、社会に出てすぐに活用できる専門的な知識やスキルを身につける。

第7章 よりよい中学生生活を送るために

中学校のその先はどうなるの？

 今は中学校に入ることで頭がいっぱいだけど、私は早く高校生にもなりたいんだー！

 えっ！もうそんな先のこと考えてるの？中学校を卒業したらどうなるんだろう……。

私も最近進路の授業で知ったんだけど、高校に行く以外にも選択肢があるらしいんだよね。

進路の選択肢は高校だけじゃない

令和5年度の中学校卒業者の約99％は高校（高等学校）へ進学しています。しかし、必ず高校へ進学しなければならないというわけではありません。専修学校や就職など、事情に合わせて進路を選択することができます。

★ 多くの人が進学を選んでいる

中学校の3年間で、小学校からの9年間の義務教育期間は終わりになるので、その後の進路は個人の自由になります。

中学校卒業後の進路は大きく、進学と就職に分けることができます。現在は約99％の中学3年生が、進学という選択をしています。

また、進学といっても、進学先は高等学校だけではありませんし、高等学校にもいくつかの種類があります。

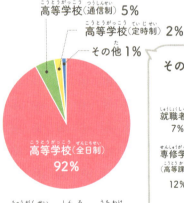

中学生の進路の内訳
資料：文部科学省「文部科学統計要覧（令和6年度版）」をもとに作成

- 高等学校（全日制）92％
- 高等学校（通信制）5％
- 高等学校（定時制）2％
- その他 1％

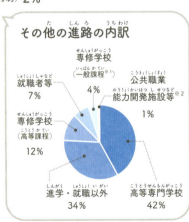

その他の進路の内訳

- 専修学校（一般課程※1）4％
- 公共職業能力開発施設等※2 1％
- 高等専門学校 42％
- 進学・就職以外 34％
- 専修学校（高等課程）12％
- 就職者等 7％

※1 社会に出るうえで必要な教養や学校によって自由に設定された専門知識を学ぶ学校。卒業しても大学入学資格や職業で役立つ資格などは得られない。
※2 働きたいけれど仕事が見つかっていない人、働きながらスキルアップしたい人向けの、国や都道府県が運営している職業訓練を受けられる施設。

 高校へ進学する人が多いけど、それ以外の選択肢もたくさんあるんだね！

☆ 中学生にはさまざまな進路がある

中学校卒業後の進路は、将来やりたいこと、興味のあることを考えて選びましょう。たとえば、大学まで進学して学んでから社会に出たい人は、大学進学資格を得られる高等学校へ進学する、専門的な資格が必要な職業に就きたいと決まっている人は高等専修学校や高等専門学校へ進学するなど、目的に合わせてさまざまな進路を選ぶことができます。

主な進学先	在籍年数	学ぶこと	卒業後の大学進学
高等学校（高校）	全日制：3年間 定時制：3〜4年間 通信制：3年以上	● 国が定めた学習内容（学習指導要領）にそって学ぶ。 ● 国語や英語などの中学校の延長を中心に学ぶ普通科と、農業や工業などを中心に学ぶ専門学科などがある。	大学入学資格を得られる。
高等専修学校	1〜3年間	● 学習指導要領にしばられず、それぞれの目標に合わせて、仕事や夢の実現に役立つ資格の取得や専門知識を学ぶ学校が多い。	一部の指定校のみ大学入学資格を得られる。 技能連携制度によって高校卒業資格を得られる場合もある。
高等専門学校（高専）	5年間	● 工業分野か商船分野を専門的に学ぶことができる。 ● 高等専修学校よりも職業に直結する、技術者になるための教育を受けることができる。	3年生以上には大学入学資格、5年生卒業時には大学編入資格があたえられる。

☆ 高校のいろいろな通学の形

高校のカリキュラムは普通科や専門学科などで分かれていますが、通い方も3種類に分かれています。

小・中学校と同じような通い方をするのは「全日制」高校です。それに対し、「定時制」や「通信制」という形もあります。

定時制は、1日の授業を全日制より短い時間でおこなうので、半日は働いて、半日は高校へ通う、といった通い方ができます。通信制高校は、1か月〜1年に数回の登校が必要ですが、それ以外は自由な時間、場所で学ぶことができます。

高等学校（高校）の通い方

全日制
- 朝〜夕方ごろまで学校で授業を受ける
- 3年間で学ぶ

定時制
- 毎日4時間程度学校で授業を受ける
- 午後や夜間などの時間に通うこともできる
- 全日制が3年間で学ぶことを、3、4年間かけて学ぶ

通信制
- 1か月〜1年に数回以上登校が必要だが自宅学習が基本
- 好きな時間に学ぶことができる
- 好きなペースで学ぶので、3年以上かかる

中学校入学のときから進路を決める必要はないけど、いろんな選択肢があるってことを覚えておいてね！

第7章 よりよい中学生生活を送るために

目標を立ててみよう

中学校の3年間って、小学校の6年間にくらべると短いよね。

何だかあっという間に終わっちゃいそうだな。どんな3年間になるかな？

あなたはどんな3年間にしたい？

中学生になると、小学生のときよりも自分の考えや、やりたいことがはっきりとしてきます。先生や家の人も、あなたを大人として見てくれることがふえてきます。あなただけの中学校生活の目標を立てると、より充実した3年間になるでしょう。

☆ 自分に合った目標の見つけ方

小学校でうれしかったり楽しかったりしたのは、どんなことですか？ 逆に、もっとこうしておけばよかったな、と思うことはありますか？ 友だちづきあい、勉強、運動、生活面のことなど、紙に書き出して小学校ではどのようにすごしてきたか、ふり返ってみましょう。

それを見ながら、中学校でもっとがんばりたいことを考えてみましょう。「こんな中学生になりたいな」というイメージを具体的に思いえがくと、目標に向けてがんばる力になります。

小学校では合唱コンクールで伴奏できたことが、とてもうれしかった。中学校では吹奏楽部に入って、友だちをふやしたい。コンクールで賞をとりたい。

小学校生活ふり返りの例

勉強	○	授業についていくことができた。
運動	△	あまり得意ではない。
生活	○	毎朝、きちんと起きられた。
友だち	△	放課後や休みの日に遊ぶ友だちがもっとほしかった。
習い事	◎	毎日ピアノの練習をして、合唱コンクールの伴奏もした。

ぼくはバスケ部に入って、かっこいいシュートを決めたい！体もきたえるぞ！

☆ 大きな目標を達成するためのポイント

部活動や勉強などで達成したい大きな目標がある人は、それを紙に書き出し、部屋にはっておくとよいです。

さらに、そのために、ふだんの生活のなかでの小さな目標を立てるとよいでしょう。

「〇時に起きる」「〇時間勉強する」など、具体的な数字を入れると、毎日やることがはっきりとします。学期末などの節目にふり返り、反省点やよかった点を書き出していくと、次につながります。

ステップ❶ 3年間の大きな目標を立てる

> 友だちづきあいを大事にしながら学年でトップ10の成績をとりつづける。

> バスケ部のレギュラーになり、優勝する。

ステップ❷ ふだんの生活の小さな目標を立てる

> 朝と夜1時間ずつ予習、復習をする。遊ぶときは遊ぶ。

> 朝7時に登校して、自主練習をする。

ステップ❸ 学期ごとに成果をふり返る

> 期末テストでは10位以内に入れなかった。けれど、朝と夜の学習習慣は守れているので、続けていく。

> 夏の大会でレギュラーに選ばれた！でも、夜ふかしして、朝の練習をさぼることもあった。レギュラーでいつづけられるよう、練習に少し早く行って、ちょっと長く練習しよう。

☆ あなたの目標を書き出そう

❶ 大きな目標

❷ 小さな目標

❸ ふり返り

月　　日

> 小さな目標は学期ごとなど、ときどき見直して、新しくしていくといいよ！

コピーしてお使いください。

第7章 よりよい中学生生活を送るために

中学生にはたくさんの味方がいる

いろいろ教えてくれてありがとう！中学校生活、楽しみでもあるけど、やっぱりちょっと不安だなあ。

心配しないで。中学生が困ったときに、力になってくれる大人は、たくさんいるよ。

たよれる大人はたくさんいる

中学生は、傷つくことやなやむことが多い時期です。「だれかに相談をしたいけれど、友だちや家族にも話しにくい」ということもあるかもしれません。しかし、ほかにも中学生の味方になってくれる人がたくさんいます。

☆ 相談に行ってみる

学校の相談室や市区町村が運営する教育相談室では、心の専門家が話を聞いてくれます。中学校生活のことだけでなく、進路のことや、家族のことなど、どんななやみごとでも聞いてもらうことができます。

☞ **スクールカウンセラー**

学校にある相談室で、さまざまななやみの相談にのってくれる、心の専門家です。面談に予約が必要なことがあります。学校ごとのルールを確認しましょう。

☞ **教育相談室の先生**

全国の市区町村にあり、心の専門家が学校や家庭のことなどになやみをかかえている子の相談にのってくれます。教育相談室の場所は、住んでいる自治体の教育委員会のウェブサイトで調べることができます。

☞ **スクールソーシャルワーカー**

市区町村ごとに中学校を回って、子どもの困りごとを聞き、解決に導いてくれます。学校内の先生や外部の機関とチームを組んで、子どもを支えます。

☆ 電話やSNSで相談する

直接会って話をするのが苦手な人は、電話やSNSを通して相談することもできます。

👉 サイト情報 ❶

こどもの人権110番（法務省）

- 電話　0120-007-110
- URL　https://www.moj.go.jp/JINKEN/jinken112.html
- 受付時間　月〜金（祝日・年末年始のぞく）／8:30〜17:15

いじめや人間関係、家族についてのなやみなど、相談することができます。メールやSNSでの相談も受けつけています。

👉 サイト情報 ❷

子供のSOSの相談窓口（文部科学省）

- URL　https://www.mext.go.jp/a_menu/shotou/seitoshidou/06112210.htm

いじめや家族のこと、性暴力など、いろいろななやみを相談できる、SNSや電話番号、地元の相談窓口を紹介していて、自分の状況に合った窓口を選ぶことができます。

👉 サイト情報 ❸

18さいまでの子どもがつながるチャイルドライン

- 電話　0120-99-7777
- 受付時間　12/29〜1/3をのぞく毎日／16:00〜21:00

ボランティアの大人が話を聞いてくれます。なやみごとをうまく言えないけれど、だれかと話したいといったときでも、かけることができます。チャットでの相談もできます。

👉 サイト情報 ❹

よりそいホットライン

- 電話　0120-279-338
  - 0120-279-226（岩手県、宮城県、福島県からかける場合）
- 受付時間　年中無休・24時間

さまざまななやみの相談にのったり、メールで困りごとを解決するための情報提供をしたりしています。

👉 サイト情報 ❺

全国のにんしんSOS相談窓口

- URL　https://zenninnet-sos.org/contact-list

思わぬ妊娠をしたときに、電話やメールなどで相談できる、全国の相談窓口の一覧を見ることができます。地域にかかわらず相談すれば、必要な情報を教えてくれたり、支援してくれるところにつないでくれたりします。

第7章 よりよい中学生生活を送るために

中学校で待ってるよ！

今日はいろいろ中学校について知ることができてよかったねー！

そうだね、まだやっぱり不安はあるけど、前よりも楽しみになったよ！

見て！先輩たちも後輩になるみんなのこと、応援しているみたいだよ！

みんな味方！新入生を待っている！

中学校についてアンケートに答えてくれた、270人の先輩たちから、たくさんのアドバイスや応援メッセージが届きました。みんな新入生の入学を楽しみに、応援しています！

テスト勉強はちゃんとしておいたほうがいいよ！

勉強は最初小学校で習ったことが生かされるので今勉強したほうがいいです。

苦手教科は早めにおさえておくことと本を多く読むことを強くおすすめします。

みなさん本当に提出物は出しましょう。先輩からの忠告です。

中学校は楽しいけど、勉強がむずかしくなる。毎日1時間だけでも勉強したほうがいいと思います。

今までやってきたことに関係がある部活に入るのもいいけど、やったことのないものに挑戦してみるのもおすすめ！

部活選びで後悔しないように、部活動体験はいろんなところに参加しよう。

あー！全部わかるなー！頭のかたすみに置いておいてほしい！絶対役に立つから！

中学校の魅力は先輩とのコミュニケーションだと思うので先輩との関係を大事にしてほしい！

130

意外と楽しいよ！期待しといて！

絶対に楽しい学校生活を送れるよ!!

中学校と小学校はちがうから、小学6年生も楽しんでね!

不安はあったけど入ってみたら不安は少なくなった。

新しい学校で人数も多くなりクラスで友だちができるかどうか不安かもしれないんですが、体育祭や宿泊学習などできずなを深められると思うので、心配なくご入学ください。

初めは生活に慣れないと思うけど、きっと最高の居場所になると思うよ！いっしょに中学校生活を楽しもう！

私は、いっしょの小学校から来る人が少ない学校から来たけど、入学から1か月したら、そんなこと関係ないようにみんなで仲よくなれました！部活も楽しいです！！安心してください！

中学校に入ったら部活動もはじまってたいへんになるけど、その分楽しさがふえるので楽しみに待っていてください。

不安なこともあるだろうけど、優しい先輩や先生がいっぱいいるので、その人たちにたよりつつ、がんばってください。

いつでも先輩をたよってね！

自分も中学校に入るときはいろいろ不安だったけど、入ったら楽しいことばかりなので不安をかかえずに楽しみにしてほしいです。

\\ 中学校で待ってるよ！ //

参考文献

- 『いじめ防止法こどもガイドブック』子どもの未来社
- 『LGBTだけじゃない！ わたしの性 好きのありかた』国土社
- 『Oh! 金』フレーベル館
- 『大人に言えない小さな悩みが少しだけ軽くなる本 第2巻』Gakken
- 『「学校」ってなんだ？ 不登校について知る本』Gakken
- 『GIGAスクール時代のネットリテラシー(2) SNSとネットトラブル』ポプラ社
- 『かしこく学ぼう！ はじめてのお金教室 ③お金を貯めよう』文研出版
- 『きみの人生はきみのもの 子どもが知っておきたい「権利」の話』NHK出版
- 『清水式 定期テストで結果を出す50の習慣』PHP研究所
- 『10代から知っておきたいメンタルケア しんどい時の自分の守り方』ナツメ社
- 『10代の不安・悩みにこたえる「性」の本』Gakken
- 『楽しい中学生活のヒント大全 中学校ってどんなとこ？』世界文化社
- 『中学生からの勉強のやり方 改訂版』ディスカヴァー・トゥエンティワン
- 『便利！危険？自分を守るネットリテラシー ネットゲーム・ショッピングの罠』金の星社
- 『便利！危険？自分を守るネットリテラシー 基本を知ってリスク回避』金の星社
- 『マンガでわかる！ 小学生のためのスマホ・SNS防犯ガイド』主婦と生活社

協力者一覧

この本にご協力いただいた方々

一般社団法人社会的包摂サポートセンター

一般社団法人全国妊娠ＳＯＳネットワーク

一般社団法人日本レコード協会

学校法人学習院

神奈川県Ｕ中学校

株式会社 NOLTY プランナーズ

株式会社文英堂

函嶺白百合学園中学高等学校

公益財団法人日本修学旅行協会

江東区教育委員会

コクヨ株式会社

昭和学院中学校

東金市立東金中学校

特定非営利活動法人チャイルドライン支援センター

監修者
藤川大祐(ふじかわだいすけ)
千葉大学教育学部　学部長・教授（教育方法学）

企業と連携した授業づくり、情報モラル教育、生成AIの利活用、いじめ防止対策等について研究。東京大学大学院教育学研究科修了。千葉大学教育学部附属中学校長、千葉市教育委員会教育委員、NPO法人企業教育研究会理事長、NPO法人全国教室ディベート連盟理事長等を歴任。著書『「いじめに対応できる学校」づくり』（ぎょうせい）、『教師が知らない「子どものスマホ・SNS」新常識』（教育開発研究所）、『道徳教育は「いじめ」をなくせるのか』（NHK出版）、『授業づくりエンタテインメント！』（学事出版）、『教科書を飛び出した数学』（丸善出版）等。

スタッフ

装丁・デザイン	河内沙耶花（mogmog Inc.）
漫画・イラスト	のいぷらこ
校正	村井みちよ
編集制作	株式会社 KANADEL
編集協力	鈴木愛　野口和恵

2025年3月31日　第1刷発行

監修者	藤川大祐
発行者	小松崎敬子
発行所	株式会社岩崎書店
	〒112-0014 東京都文京区関口2-3-3　7F
	TEL 03-6626-5080（営業）　03-6626-5082（編集）
印刷所	三美印刷株式会社
製本所	株式会社若林製本工場

Published by IWASAKI Publishing Co.,Ltd
Printed in Japan NDC376 ISBN978-4-265-05980-5 136P 26×19cm
©KANADEL

岩崎書店ホームページ　https://www.iwasakishoten.co.jp
ご意見、ご感想をお寄せください。　info@iwasakishoten.co.jp

乱丁本、落丁本は小社負担にてお取り替え致します。

本書のコピー、スキャン、デジタル化等の無断複製は著作権法上での例外を除き禁じられています。
本書を代行業者等の第三者に依頼してスキャンやデジタル化することは、たとえ個人や家庭内での使用であっても、一切認められておりません。朗読や読み聞かせ動画での無断での配信も著作権法で禁じられています。